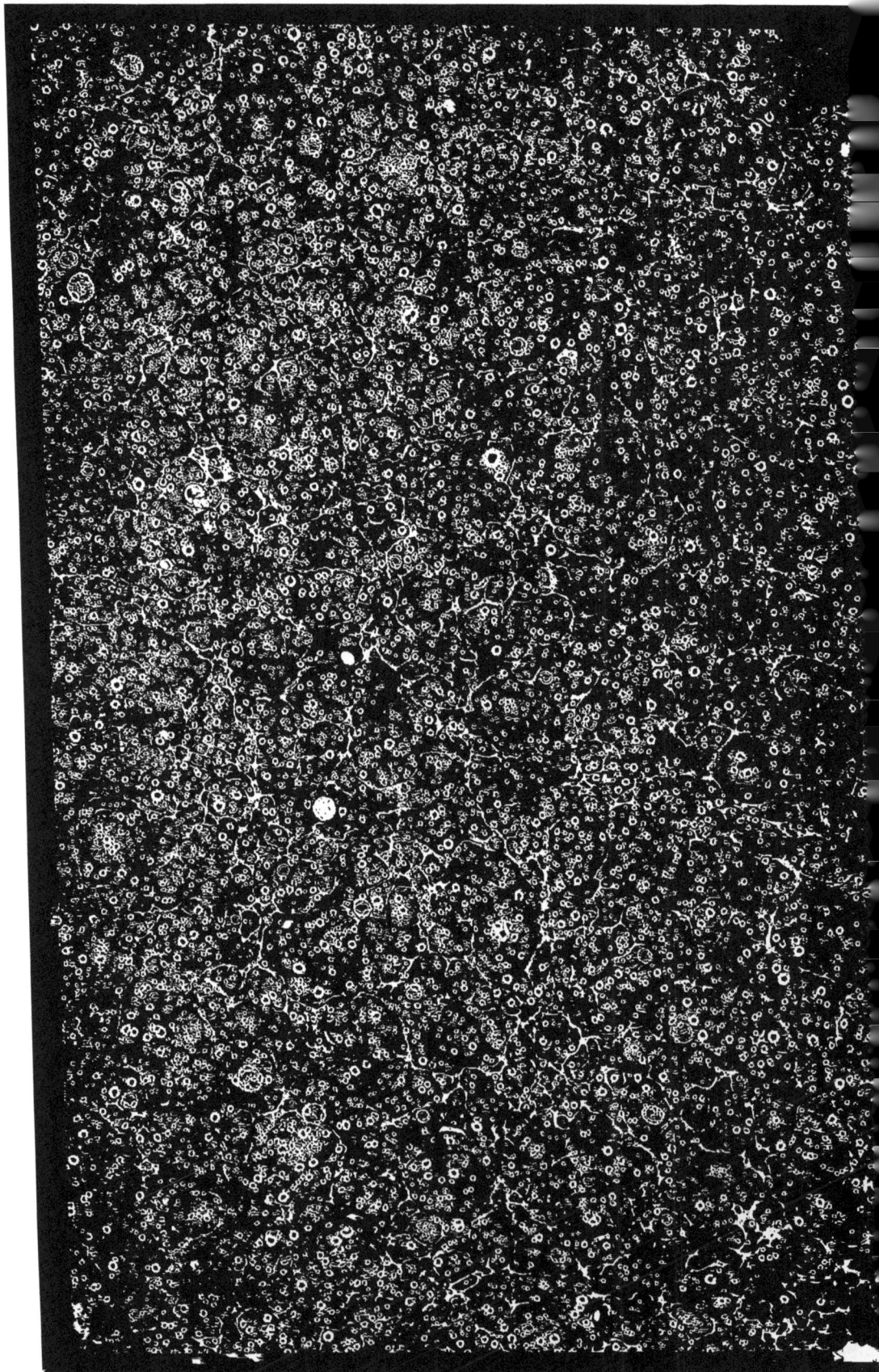

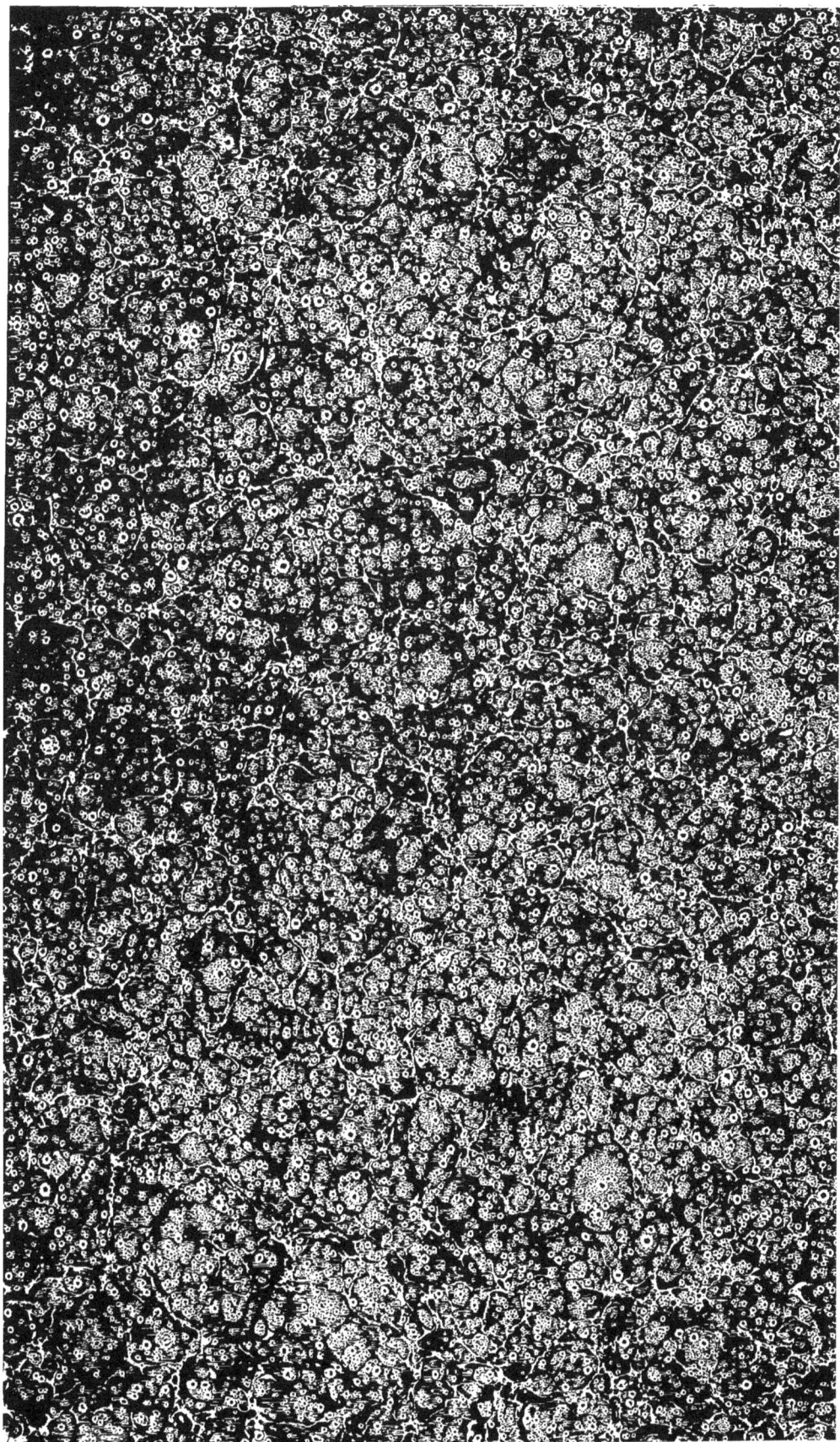

ESSAI

SUR LES

GRAVURES.

PAR Mr. WILLIAM GILPIN,

CHANOINE DE SALISBURY, ETC. ETC.

TRADUIT DE L'ANGLAIS

SUR LA QUATRIEME EDITION

PAR LE B.ON DE B.***

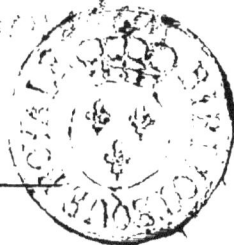

BRESLAU,

DE L'IMPRIMERIE DE GUILLAUME THEOPHILE KORN.

1800.

PREFACE.

Le but principal de cet ouvrage est de diriger le goût des amateurs de gravures, en donnant à ceux qui en font des collections et qui manquent d'expérience, quelques principes et quelques moyens dont ils puissent s'aider.

Dans cette vue l'auteur a pensé qu'il était nécessaire d'appliquer à la gravure les principes de la peinture. Comme ses observations ne sont pas toujours neuves, il a cherché au moins à leur donner de la concision.

La liste des artistes aurait pu être beaucoup augmentée, si l'on eut voulu avoir recours à ce qui a été écrit sur ce sujet, et particulièrement aux ingénieuses recherches de Mr. Walpole. Mais l'auteur n'a pas jugé à propos d'augmenter son ouvrage de ce qu'ont dit les autres; il a préféré de s'en tenir aux observations qu'il a faites lui-même. Ayant eu l'occasion de voir quelques-unes des meilleures collections de gravures en Angleterre, il en a profité et a mis par écrit les remarques qu'elles lui ont suggérées.

L'auteur s'est proposé de parler peu des ouvrages des artistes vivans, il pense n'avoir pas le droit de leur trouver des défauts. Lorsqu'il est question de gravures modernes, il ne prétend pas, en faisant l'éloge de quelqu'unes d'entr'elles, en conclure l'infériorité des autres; il cite ces gravures comme elles se présentent à sa mémoire, dans la seule intention de rendre par là son sujet plus clair.

L'auteur ajoutera encore ici, que

lorsque dans son ouvrage il parle *positivement,* il ne prétend point décider *souverainement* : il ne s'est servi de cette façon de parler, que pour éviter d'ennuyeuses répétitions de qualifications.

NB. Quand il est question de figures à *main droite,* ce sont de celles qui se trouvent opposées à la droite du spectateur dont il est question : ainsi du reste.

EXPLICATION

DES

TERMES.

———————————

Composition, dans son acception la plus étendue, est une peinture en général, et dans une acception *limitée,* l'art de grouper des figures et de combiner les parties de la peinture : dans cette dernière acception il est synonyme de *disposition.*

Dessin, dans son acception la plus stricte ne s'applique qu'aux objets représentés par un trait seulement. Dans le sens le plus étendu, il se prend quelquefois pour une peinture en général.

Ordonnance, est définie page 2.

Tout-ensemble, * est l'idée d'unité que doit présenter une peinture.

———————————

* *Tout-ensemble,* cette expression a dans nôtre langue une acception combinée qui manque au mot anglais *a Whole,* et qui me paraît mériter une explication plus détaillée. En peinture on distingue deux ensembles: l'ensemble d'action et l'ensemble pittoresque; le premier est ce caractère général dont toutes les figures d'un tableau, jusqu'aux fabriques mêmes, doivent participer; et ce caractère doit être celui de l'action. Le second consiste dans la combinaison et la disposition des groupes et des draperies, dans le choix du paysage, des fabriques etc. L'ensemble ou l'harmonie des couleurs, celui du clair-obscur et celui de la perspective,

Expression, est je pense strictement défini page 15; mais c'est souvent la force avec laquelle des objets de *certaine* nature sont représentés.

Effet, provient principalement de l'emploi de la lumière; mais ce mot est quelquefois appliqué à l'apparence générale d'un tableau.

Esprit, dans son acception rigoureuse, est défini page 20; mais il est pris quelquefois dans un sens plus étendu. C'est alors l'effet *général* de l'exécution d'un maître.

Manière, synonyme *d'exécution.*

Pittoresque : ce terme exprime cette espèce particulière de beauté qui est agréable en peinture.

Grâce pittoresque : une forme agréable donnée en peinture à une figure agreste.

Repos ou tranquilité : s'applique à une peinture, lorsque le tout est harmonieux, qu'il ne s'y

----

font aussi partie de l'ensemble pittoresque, et c'est cet ensemble qui en peinture produit l'illusion. Ces deux ensembles peuvent exister séparément dans un tableau, et leur réunion forme ce qu'on appelle le *tout-ensemble.*

On se sert aussi du mot ensemble dans une autre acception, en parlant d'une figure ou d'une personne on dit: elle est bien ou mal ensemble, ce qui ne s'entend pas du plus ou moins de perfection dans le dessin ou la structure; mais de la vraisemblance dans la manière dont les parties en sont attachées ensemble.

Clair-obscur, on entend par ce mot l'effet général de la lumière et des ombres.

On appelle *fabrique,* en terme d'art, les bâtimens qui entrent dans la composition d'un tableau, depuis le temple jusqu'à la cabane. *Note du trad.*

trouve rien de tranchant soit dans les lumières, soit dans les ombres ou le coloris.

Eteindre, adoucir: signifie jetter un degré d'ombre sur une lumière éclatante.

Une demi-teinte, est un milieu entre une forte lumière et une ombre forte. Cette phrase n'est pas usitée pour les couleurs. *

Lumières tranchantes, sont de fortes lumières placées sur certaines parties d'un objet dont le reste est dans l'ombre.

Etudes, sont des idées qu'un peintre n'a qu'esquissées et qui ne forment pas un tout.

Liberté est le résultat d'une exécution prompte.

Extrémités sont les pieds et les mains.

Air, exprime principalemeut les mouvemens gracieux de la tête; mais souvent aussi une attitude gracieuse.

Contraste est l'opposition d'une partie avec une autre.

Pointe est un instrument dont on se sert en gravure et surtout dans celle à l'eau forte.

Pointe sèche est un instrument dont on se sert en gravure pour travailler sur le cuivre à nud.

---

* Je dois opposer à l'opinion de Mr. Gilpin celle des meilleurs auteurs français et des peintres, qui se servent de cette expression pour exprimer le passage ou liaison entre deux couleurs qui sembleraient dures si elles se touchaient.

TABLE
DES
CHAPITRES.

TABLE DES MATIERES.

CHAPITRE I.

Des principes de la peinture considérés en ce qu'ils ont de relatif à la gravure.

LE coloris et l'exécution distinguent seuls une peinture d'une gravure; sous tous les autres rapports le fondement du beau est le même pour l'une et pour l'autre. Nous examinerons dans une gravure comme dans une peinture le *tout* et les *parties;* car l'effet d'une gravure peut être agréable dans *l'ensemble* en péchant dans le détail des parties, et réciproquement. C'est ainsi qu'un homme présente quelquefois un *ensemble* agréable, quoique ses membres examinés séparément manquent de proportion, et qu'avec des membres bien formés, il n'offre d'autres fois qu'un ensemble lourd et désagréable.

A

Pour rendre agréable *l'ensemble* d'une gravure, il faut nécessairement observer avec exactitude les règles qui sont relatives à *l'ordonnance*, à la *disposition*, à la *dégradation* et à la *distribution de lumière :* pour que les *parties* en soient agréables, il faut observer celles qui sont relatives au *dessin*, à *l'expression*, à la *grâce*, et à la *perspective*.

On considérera le tout avant les parties pour se conformer à la marche de la pratique, où le peintre dispose d'abord son idée générale pour qu'elle reçoive les plus belles formes et les plus beaux effets de lumière, et ne s'occupe qu'ensuite à en finir les parties. De même le statuaire ébauche tout son bloc avant de chercher à donner de la délicatesse aux membres.

Par *ordonnance*, nous entendons la conduite générale d'une pièce dans la représentation d'un trait particulier d'histoire. Ce terme répond dans la relation historique d'un fait, au choix judicieux des circonstances ; et comprend *un tems propre*, *des caractères convenables*, la *manière la plus convenable d'introduire ces caractères*, et *les accessoires qui leur sont propres*.

Dans ce qui regarde *le tems propre ;* le

peintre peut se servir de cette antique mais bonne règle dramatique, qui apprend à ne choisir dans le tems que le moment où se passe l'action, et à n'y mêler aucune autre partie de l'histoire: ainsi, *dans la mort d'Ananias,* si l'on a choisi le moment de sa chûte; pour qu'il n'y ait aucun anachronisme; chaque partie doit y correspondre, chaque caractère doit avoir la plus forte expression d'étonnement et d'horreur, et ces passions ne doivent être alliées avec aucune autre plus froide qui succède.

Les *caractères* doivent être observés par le peintre avec la vérité historique, si son sujet est tiré de l'histoire, ou s'il est fabuleux, il doit demeurer fidelle à la mythologie.

Le peintre doit aussi placer ses caractères avec *convenance,* et d'une manière si avantageuse que les figures principales, celles qui jouent le rôle essentiel dans l'action, frappent l'œil les *premières* et l'occupent le *plus;* ce qui est très important pour qu'un tableau d'histoire soit bien ordonné. Pour remplir cet objet, elles doivent être les moins embarrassées par les groupes, ce qui servira déjà à les distinguer. Quelquefois une large lumière, une ombre forte au milieu d'une partie éclairée, une action ou une expression remarquables, serviront à les distinguer encore davantage. Plusieurs de ces moyens pourront aussi être employés à la fois.

La dernière chose à observer dans *l'ordonnance*, est l'emploi *d'accessoires propres*. Par *accessoires* nous entendons des animaux, des fabriques, des paysages, et en général tout ce qui est placé dans le tableau comme ornement. Chaque objet de cette nature doit avoir un rapport avec le sujet et lui rester subordonné. Le Bassan avait la méthode, en peignant des tableaux tirés de l'histoire sainte, d'en couvrir les devans par des animaux qu'on prenait d'abord pour le sujet principal. Celui-ci ne se trouvait qu'avec peine dans un des coins du tableau, et n'y était qu'un accessoire absurde.

Quand toutes ces règles sont observées, quand le moment de l'action est choisi convenablement, que les caractères qui correspondent au sujet, sont placés et ordonnés si judicieusement, que l'action principale ait la manière la plus forte; lorsqu'enfin les accessoires et les parties subalternes sont subordonnées au sujet: alors l'histoire est bien rendue, et par conséquent *l'ordonnance* est parfaite.

La seconde chose à observer relativement au *tout-ensemble*, est la *disposition*. Par ce mot on entend l'art de grouper des figures, et de combiner les différentes parties du tableau. *L'ordonnance* considère les différentes parties comme produisant un *tout;* mais un tout se formant de *l'unité* du *sujet*, et non pas de *l'effet de l'objet :* car les figures d'un tableau peuvent être disposées de façon à rendre un trait d'histoire d'une manière aussi touchante qu'il appartient à *l'ordonnance* de le produire; et cependant manquer de cette agréable *combinaison* nécessaire pour plaire à l'œil. C'est la *disposition* qui doit produire cette combinaison. Dans le carton de St. PAUL *prêchant à Athènes, l'ordonnance* est parfaite, et les caractères en particulier sont ordonnés pour rendre l'histoire d'une manière frappante; cependant les parties sont loin d'être combinées d'une manière agréable. Si RUBENS avait eu la *disposition* des matériaux de ce tableau, le *tout-ensemble* en aurait été bien différent.

Après avoir établi la distinction entre *l'ordonnance* et la *disposition*, je dois expliquer cette dernière un peu davantage.

C'est un principe évident qu'il suffit d'un objet pour occuper à la fois nôtre esprit ou nos sens: delà vient la nécessité de *l'unité,* ou d'un *tout-ensemble* en peinture. Pour être satisfait, l'œil doit pouvoir saisir, comme un seul objet, un tableau quelque compliqué qu'il soit. Il pourra trouver ensuite des jouissances en observant séparément les parties; mais une peinture qui ne peut plaire que de cette façon, est une aussi pauvre production, qu'une machine, dont les roues et les ressorts finis avec soin, seraient dailleurs incapables d'agir de concert et de produire l'effet désiré.

La *disposition* ou l'art de grouper et de combiner les figures et les différentes parties d'un tableau, contribue puissamment à le faire paraître comme un *tout.* Lorsque les parties sont dispersées, elles manquent de liaison, et ce n'est encore que des parties; mais lorsqu'elles se massent par des groupes agréables, elles deviennent un *tout.*

Il faut beaucoup d'art pour disposer des figures de manière que, dans chaque groupe, toutes celles qui le composent, le soient assez avantageusement pour être aperçues: au moins *l'action* de chacune d'elles doit pouvoir se remarquer.

Aucun groupe ne peut être agréable sans *contraste.* Par contraste on entend l'opposition d'une partie à une autre. Une ressemblance dans les attitudes, dans l'action, ou dans l'expression des figures d'un même groupe, déplaira toujours à l'œil. Dans le carton de St. PAUL *préchant à Athènes*, le contraste entre les figures est incomparable, et dans *la mort* d'ANANIAS, son absence rend le groupe des apôtres désagréable.

Non seulement il faut du *contraste* entre les *figures* d'un *même* groupe, mais aussi entre les *groupes eux-mêmes,* et entre toutes les parties dont le tableau est composé. Dans le *beau portique du temple,* les figures du groupe principal sont bien contrastées; mais les autres groupes sont disposés presque de la même manière, ce qui joint à la pesanteur des colonnes, produit dans le tableau une régularité fatigante.

Un peintre intelligent évitera toujours *l'apparence de l'art,* soit qu'il groupe, soit qu'il combine, ou qu'il produise des contrastes. Les différentes parties de son tableau seront disposées de façon que l'art y paraisse le résultat du hazard: dans le *sacrifice à Lystra,* la tête du bœuf est baissée dans le dessein, sans doute, de grouper avec plus d'harmonie les parties qui sont autour; mais leur action se rapporte si bien à la position de la tête du bœuf, que quoique la disposition de ces figures soit le résultat de l'art le plus recherché, elles ont toute la facilité apparente de la nature. Le reste du groupe est une preuve du contraire; nombre de têtes paraissent manifestement y avoir été placées pour remplir le vuide.

Comme *le tout-ensemble* ou *l'unité*, forme l'essence du beau; la *disposition* qui n'admet qu'un groupe est certainement la plus parfaite; cependant comme tous les sujets ne permettent pas cette rigoureuse observation d'unité, alors il faut, surtout au moyen de la distribution de lumière, combiner les différens groupes de manière à constituer un tout.

L'unité disparaissant aussi lorsque les parties constituantes sont trop nombreuses, il s'en suit qu'on doit éviter d'employer trop de groupes. De grands peintres en ont borné le nombre à *trois:* quelques sujets cependant tels que des batailles et des triomphes exigent nécessairement un grand nombre de figures, et par conséquent des combinaisons de groupes multipliées: le plus grand art est nécessaire pour conserver *l'unité* dans l'ordonnance de pareils sujets. Le désordre dans les figures doit être exprimé dans la peinture sans confusion; de même que l'homme de lettres doit traiter *clairement* son sujet, lors même qu'il écrit sur *l'obscurité*.

Pour finir ce qui regarde la disposition, j'ajouterai que l'on doit faire une grande attention à la forme des groupes. Michel Ange regardait la forme *triangulaire* comme la plus belle; il est vrai qu'aucune autre n'est susceptible d'autant de légéreté. Le groupe des apôtres dans le carton de la *donation des clefs,* le même dans la *mort* d'Ananias sont l'un et l'autre excessivement lourds, ce qui n'a d'autre cause que la forme parallélogramique de ces groupes. La forme triangulaire est en même tems susceptible de beaucoup de variété, puisque l'angle vertical d'un groupe peut dans cette forme être aigu ou obtus dans un certain degré: on peut aussi, en ne prenant qu'un segment de triangle, se procurer de nouvelles variétés.

Je sais bien que plusieurs de ces remarques (particulièrement celles sur les cartons) sont opposées à l'opinion de très grands maîtres. La sublimité de l'école romaine, disent-ils, a tout-à-fait dédaigné le méchanisme de la construction d'un groupe. Sans doute la simplicité et la similitude des figures sont les élemens du sublime; mais ceci en théorie pourrait bien, comme beaucoup d'autres théories semblables, avoir été poussé trop loin. Par exemple, je n'imagine pas pourquoi le groupe des apôtres dans lè carton d'Ananias, serait moins sublime sous la forme triangulaire que sous celle du parallélograme. Le triangle est assurément une figure plus simple, puisqu'elle consiste en trois côtés pendant que le parallélograme en a quatre. D'ailleurs Raphaël lui même n'adopte pas absolument la forme carrée comme *règle principale.* Mais je ne parle qu'avec réserve sur ce sujet, dont la discussion ne serait d'ailleurs pas à sa place.

Une troisième chose à considérer dans une peinture relativement au *tout-ensemble,* est la *dégradation.* Ce mot exprime les différens degrés de force et de faiblesse que les objets reçoivent de leur rapprochement, ou de leur éloignement. Une observation soignée de la gradation des lumières et des ombres, contribue beaucoup à la production d'un *tout-ensemble.* Sans elle les lointains au lieu d'être liés avec les objets du devant, paraissent comme des objets étrangers et sans intention. En ne diminuant que la grandeur on rassemble dans la même scène Lilliput et Brobdignag. On

trouve généralement, dans les gravures de La
Belle, la *dégradation* dans une grande perfection, et celles de Tempeste en manquent
d'une manière aussi remarquable.

L'harmonie, qui contribue également à la production du *tout-ensemble*, est l'alliée la plus
proche de la *dégradation;* elle produit son plus
grand effet en peinture, où un arrangement
judicieux de teintes concordantes frappera même
l'œil sans expérience. *L'effet* d'une peinture
dépend en grande partie d'une teinte principale et dominante qui, semblable à la note
tonique en musique, domine sur toute la
pièce, et chaque objet du tableau doit participer plus ou moins de cette teinte. Cette
théorie fondée sur la nature, produit un bon
effet, par *l'harmonie* qui en résulte et qui
unit les différens objets. L'harmonie repousse
les couleurs trop éclatantes, cependant un
peintre intelligent n'hésitera pas à employer
les plus riches teintes lorsque son sujet l'exi-
gera; en évitant de les employer pures dans
les ombres, il ne se fera aucun scrupule de
leur donner tout leur éclat dans les parties
éclairées: c'est même en cela que consiste la
profondeur de l'art. En joignant à une couleur vive une couleur de même nature, il en

tempère l'éclat, et par un assemblage adroit des couleurs les plus brillantes, dont une seule offenserait, il forme un point éclatant, harmonieux au plus haut degré. Mais la magie des couleurs produit seule ces grands effets. L'harmonie d'une gravure est une production plus simple. Lorsqu'elle ne possède qu'un même *ton d'ombre,* si je peux m'exprimer ainsi, elle paraît toujours dure: ce n'est pas qu'on n'employe souvent en gravure des touches dures, qui isolées seraient désagréables; mais si les parties voisines sont travaillées à ce ton, l'effet en sera pourtant harmonieux. La *dégradation* détermine la proportion de force qui convient aux devans et aux objets éloignés relativement *à eux.* L'harmonie va plus loin, et détermine la dégradation relativement au *tout-ensemble.* J'ajouterai seulement que l'on ne doit pas rechercher *l'harmonie* dans une esquisse, il suffit d'y observer la *dégradation,* l'harmonie n'appartient qu'aux gravures finies: l'absence la plus absolue s'en fait voir dans une estampe tirée d'une planche usée, qui a été retouchée durement par un ignorant.

La dernière chose qui contribue à produire un *tout-ensemble,* est une *distribution de lumière* bien entendue; elle est surtout essentielle en gravure. En peinture l'harmonie des couleurs peut en quelque sorte y suppléer, mais la gravure manque de cette ressource. * Que *l'ordonnance*, soit parfaite, la *disposition* belle et la *dégradation* juste; sans ce point essentiel, au lieu d'un tout on n'a qu'une pièce de maculature. Tel est le pouvoir de la lumière que son emploi ménagé avec art peut donner de l'harmonie, même à une mauvaise disposition.

La règle générale pour la distribution de la *lumière*, est qu'elle doit tomber en *grandes masses*: cela donne l'idée d'un *tout*. Les grands objets recevant dans la nature la lumière sur de grandes surfaces; lorsque la lumière y est partagée, nous en recevons l'idée de plusieurs objets, ou au moins d'un objet incohérent; surtout si l'objet est simple et que l'œil puisse l'embrasser sans difficulté. Il en est de même en peinture, où de grandes masses de lumière et d'ombre nous frappent de l'idée d'un

---

* On a bien il est vrai des gravures en couleurs, mais la manière tranchante dont ces couleurs sont nécessairement placées, ne permet pas qu'on ait la prétention qu'elles puissent donner de l'harmonie à la gravure, on est fort heureux lorsqu'elles ne la détruisent pas: ainsi l'observation de l'auteur reste dans toute sa force. *Note du trad.*

tout, d'unité; mais si la lumière y est dispersée on en reçoit l'idée d'objets différens, ou au moins d'un objet brisé et confus. Le Titien a, par l'exemple d'une grappe de raisin, éclairci ce point d'une manière aussi belle que démonstrative. Lorsque la lumière tombe sur *toute la grappe* (un côté étant dans l'ombre, l'autre étant éclairé) on a la représentation de ces grandes masses qui constituent un *tout;* mais lorsque les grains séparés de la grappe sont répandus sur une table, (la lumière les frappant chacun séparément) le *tout* disparaît.

Après avoir considéré les parties essentielles d'une gravure qui produisent le *tout-ensemble,* il reste à considérer celles qui ont rapport aux *parties: dessin, expression, grâce,* et *perspective.* Nous observerons dabord que dans l'ordre, celles-ci sont inférieures aux autres. En peinture, le grand effet que l'on doit rechercher est la production d'un *tout-ensemble;* un tableau sans *ensemble* n'est proprement qu'une étude, par conséquent les choses qui produisent l'ensemble forment le principal fondement de la beauté. C'est ainsi que pensait un grand maître en composition, qui refusait le nom d'artiste à celui qui ne pouvait pas

produire un *tout-ensemble*. Quelque parfaitement qu'il finisse; il sera

Infelix operis summâ, quia pomu totum
Nesciet. — — — — — — — —

Par *dessin* on entend l'exactitude des contours.
Sans en avoir une connaissance parfaite, on
ne parviendra pas à bien représenter la nature.
Tous les objets seront brisés, et choqueront
l'œil. Un *mauvais* dessin est, parmi les objets désagréables, celui qui choquera le plus
l'œil d'un connaisseur.

Mais un dessin, peut être très supportable
sans posséder un degré absolu de perfection,
et même, il faut un observateur versé dans l'a-
natomie, pour observer cette imperfection.
Nous nous hazarderons à dire que l'on élève
trop haut le dessin, lorsque l'on considère son
élégance, comme préférable aux choses essentielles qui constituent le *tout-ensemble.* *

L'expression est l'ame et la vie de la pein-

---

* L'auteur nous pardonnera de ne pas être de son avis; et
nous croyons au contraire qu'aucun connaisseur (et ce n'est
que pour ceux-là que travaille l'artiste qui aime la gloire)
n'hésitera à préférer l'admirable correction des contours
étrusques, et des esquisses de Raphaël; à un dessin médiocre orné de tout ce qui est nécessaire pour former un
tout-ensemble.   *Note du trad.*

ture. Elle comprend la représentation vraie des *passions* et des *caractères:* des *passions,* en montrant chaque émotion de l'ame, par la manière dont les mouvemens particuliers, ou l'extension et la contraction des traits la manifeste au dehors: des *caractères,* en représentant les différentes manières d'être, que la différence des tempéramens ou des professions imprime aux hommes. Les cartons sont remplis d'exemples de la première espéce d'expression. Quant à la seconde appellée communément *manière,* il y aurait de l'injustice de nôtre part à ne pas citer nôtre compatriote Hogarth, dont les ouvrages contiennent une grande variété de caractères, *représentés* avec autant de force qu'il est possible de les *concevoir.*

La *gráce* consiste dans une telle disposition des parties, qu'il en résulte une attitude agréable; ce qui dépend du contraste et de la *facilité.* L'opposition d'une partie à l'autre détermine le *contraste,* qu'il soit question d'un groupe ou d'une figure seule; dans celle - ci, le corps, la tête et les membres sont les parties; la grâce de l'attitude provient quelquefois du contraste dans l'une, quelquefois dans l'autre, ou dans toutes les parties à la fois. Pour le corps, le contraste consiste, en lui donnant

une tournure aisée, d'opposer les parties conca-
ves aux parties convexes. St. PAUL dans le *sacrifice à Lystra,* en est un modèle. Pour les
membres, il existe dans une opposition de
l'extension à la contraction. La forme triangulaire de MICHEL ANGE peut s'appliquer
également à une figure seule, et lui donner
autant de grâce et de beauté qu'à un groupe,
et en même tems plus de liberté pour l'exécution; puisque dans un *groupe* le triangle
doit, je pense, rester toujours sur sa base; au
lieu que dans une seule figure, il peut être ren-
versé et reposer sur son sommet; ainsi lorsque les parties inférieures de la figure sont
étendues, les parties supérieures doivent être
rassemblées, et la même beauté de forme peut
être produite, en étendant les bras et rassemblant les pieds en un point. Enfin les contrastes sont dus souvent à l'air de la tête,
lorsque le cou se détourne de la ligne du corps;
les cartons abondent de cette espèce de grâce,
qui est surtout remarquable dans la figure de
St. JEAN guérissant l'estropié: le même carton offre huit ou neuf exemples de ce genre.
Je ne m'étendrai pas davantage sur ce sujet,
sur lequel l'ingénieux auteur de *l'analyse du
beau* a porté une si grande lumière.

B

De cette manière, le *contraste* est la source de la grâce; mais il ne faut pas oublier qu'il doit être accompagné de la *facilité;* le corps doit être tourné et non pas *tordu,* chaque position *contrainte* doit être évitée, et tous les mouvemens doivent paraître avoir été dic- tés par la nature, qui aime la facilité.

Ce qui vient d'être dit sur ce sujet, a rap- port également à *toutes sortes* de figures, à celles du genre le plus commun, comme à celles du genre le plus noble. On peut établir une dis- tinction entre la grâce *pittoresque,* et cette grâce qui naît de la *dignité de caractère;* la première appartient également à *toutes* les figures : on la trouve dans les paysans de Berghem, et dans les mendians de Callot; mais *l'expression* doit marquer les caractères qui distinguent *l'autre.*

J'observerai seulement que, si le tableau est composé de plusieurs figures, le contraste particulier de *chacune* doit être subordonné au contraste du *tout.* Quoique dans certains cas on pourrait employer mal à propos les règles que je viens d'établir; elles doivent cependant servir de direction au peintre et, au moins, être observées dans les figures principales.

La *perspective* est cette proportion qui

doit exister entre les objets rapprochés et ceux
qui sont éloignés, de même qu'entre chaque
objet et ses parties. Elle est liée étroitement
avec la *dégradation:* l'une donne les contours que l'autre remplit. Sans une connaissance exacte de la *perspective,* on produira
souvent des choses absurdes; cependant il y a
de la pédanterie à en faire un vain étalage.
On pourrait bien parler des *racourcis* dans ce
chapître; mais à moins de les traiter avec
perfection, il vaut mieux n'en pas faire usage,
pour éviter l'effet désagréable que produit la
médiocrité dans ce genre. RUBENS est fameux
pour le *racourci;* mais l'effet s'en remarque
principalement dans ses *peintures,* rarement
dans ses estampes.

A ce sommaire des règles qui ont rapport
à *l'ensemble* et aux *parties* d'un tableau, j'a-
jouterai quelques observations sur *l'exécution;*
elles ont rapport aux deux également.

Par *exécution,* on entend le faire ou la
manière dont chaque artiste produit son effet.
Des artistes peuvent différer dans leur *exécution* ou *manière,* et pourtant exceller également. CALLOT, par exemple, fait usage de
traits fermes et durs, SALVATOR, de traits lé-
gers et abandonnés; pendant que REMBRANDT

exécute d'une manière différente des deux, par des traits croisés au hazard.

Chaque artiste est en quelque façon *maniériste;* c'est à dire qu'il exécute d'une *manière* qui lui est particulière; mais le mot *maniériste* a généralement un sens plus restreint. La nature devant guider toute imitation, chaque objet doit être le plus qu'il est possible représenté dans *sa manière.* C'est ainsi que les arbres de WATERLO sont imprimés fortement des caractères de la nature. D'autres maîtres abandonnant ce guide, exécutent d'une manière qui leur est propre; ils ont des touches particulières pour les figures et pour les arbres, qu'ils appliquent dans toute occasion, et substituent ainsi dans leurs ouvrages une marche uniforme, à la variété que la nature répand sur tous les objets. Chaque figure, chaque arbre paraissent frappés au même coin. De pareils artistes sont *proprement* appellés *maniéristes.* TEMPESTE, CALLOT, et TESTE sont *maniéristes* de cette espèce.

Par *esprit* et *liberté d'exécution,* on entend quelque chose de difficile à expliquer. Lorsque l'artiste n'est pas sûr de ses traits, et ne peut exécuter ses idées avec précision, il en résulte toujours une certaine gêne. C'est précisement le contraire lorsqu'il peut les rendre facilement et que ses traits sont assurés. Je ne saurais mieux rendre ce qu'on entend par *esprit*. La liberté seule donnera une exécution hardie; mais à moins que cette liberté ne soit jointe à la précision, les traits quoique libres manqueront d'effet.

Il ne sera pas hors de propos d'ajouter à ces observations, un aperçu comparatif des avantages *particuliers* de la peinture et de la gravure; il montrera jusqu'à quel point la peinture l'emporte.

En *dessin* et en *composition* l'effet est égal; la gravure les présente avec autant de force et d'expression que la peinture.

En *dégradation* la peinture a tout l'avantage. Les *couleurs de la nature* peuvent seules rendre le *brumeux* des lointains, ce que le pinceau réussit très bien à exprimer, tandis que tous les efforts de la gravure pour remplir le même objet, ne réussissent qu'à en donner une idée imparfaite, et ne peuvent tout au plus servir qu'à aider la mémoire. On connait l'effet dans la nature, et la gravure fournit une idée qui le rappelle.

Un champ plus vaste s'ouvre à la comparaison dans la *distribution de la lumière*.

Là le peintre profitant de mille teintes diffé-rentes qui le servent dans son projet, peut donner, par une variété presque infinie, de l'harmonie à ses gradations de la lumière à l'ombre. Un coloris harmonieux produit déjà seul l'effet d'une distribution de lumière. Le graveur au contraire marche au même effet accompagné de deux matériaux seulement, blanc et noir. Cependant, la gravure peut plus aisément tracer les *principes* de la lumière et de l'ombre. Il faut l'œil exercé d'un maître pour distinguer l'effet de lumière de celui des couleurs, tant le pinceau est trompeur; mais en gravure, l'œil le moins exercé peut en saisir l'échelle, et suivre sa distribution à tra-vers toute la variété des demi - teintes. On peut ajouter que, si le coloris d'une peinture n'est pas harmonieux, si les teintes en sont discordantes; 'ce qui se rencontre souvent, même dans les ouvrages des peintres de répu-tation; alors une bonne gravure, faite d'après un pareil tableau, est plus belle que la pein-ture elle même. * Elle conserve ce qui a du

---

* On peut apporter à l'appui de l'opinion de l'auteur l'exemple du peintre GREUSE, qui a obtenu une plus grande réputa-tion par la gravure de ses tableaux, que par ses tableaux

mérite, (en supposant qu'il existe dans le tableau des choses de ce genre) et omet ce qui
est défectueux.

Telle est la comparaison que l'on peut faire
pour les choses essentielles qui forment l'essence du *tout-ensemble.* Quant au *dessin, l'expression,* la *grâce* et la *perspective,* il ne peut
exister de comparaison que pour les deux
premiers. Pour les deux autres l'avantage est
égal en gravure et en peinture. Même pour
la perspective, la gravure dont les lignes se
dirigent plus sensiblement à un point, en
expriment les *principes* avec plus de force.

Dans une *peinture,* le *dessin* est produit
par la contiguité de deux couleurs différentes;
dans une *gravure* il l'est par une ligne posi-
tive; il suit delà qu'en peinture le *dessin* se
rapproche davantage de la nature, et qu'il a
par conséquent plus d'effet; mais l'homme qui
étudie l'anatomie, trouve plus de précision
dans la gravure: il peut plus facilement en
tracer les lignes, et en suivre les contours à

---

eux-mêmes. Comme ses draperies, quoique bien jettées, manquent d'harmonie, les graveurs en évitant facilement ce défaut ont conservé toute l'expression et la grâce de ses figures;
en quoi il a parfaitement réussi.

Note du trad.

travers l'ombre et la lumière. En manière noire la comparaison tombe puisque, dans ce genre de gravure, le dessin est exécuté d'une façon très rapprochée de ce qu'il l'est en peinture.

A l'égard de *l'expression*, le peintre s'énorgueillit de plusieurs avantages. Les passions reçoivent leur force, presqu'autant de la couleur que du mouvement des traits; souvent même des contours sans couleur ont un effet opposé à leur intention, et des expressions violentes exprimées par des contours seulement, ne sont ordinairement que grotesques: la carnation fait disparaître ce qu'il y aurait de contraint. L'œil enflé par une affliction immodérée, dégénère en trait grossier, si le pinceau n'y ajoute ces touches moelleuses qui caractérisent la passion. Qu'on demande au graveur, pourquoi il n'a pu donner au saint mourant du DOMINIQUIN sa véritable expression? * Pourquoi au lieu de cette langueur sereine de l'original, il lui a donné une horreur affreuse? Le graveur pourra répondre avec justice, qu'il a été aussi loin qu'il est possible de le faire avec des lignes, mais que le

---

* JACQUES FABY a copié le *St. Jérome* du DOMINIQUIN.

pinceau du DOMINIQUIN lui a manqué pour
leur donner ces touches de pâleur, auxquelles
seules elles doivent leur expression. C'est
ainsi que le pinceau donne à l'âge, au sexe,
à l'éclat de la jeunesse, et aux joues livides
des malades, leurs caractères les plus prononcés; au *portrait,* les différentes teintes et
carnations; aux *animaux* la variété des poils
et des plumages; au *paysage,* les teintes
particulières des saisons, du matin, du soir,
l'azur léger d'un ciel d'été, les feux étouf-
fants du midi, ces teintes bleuâtres ou pur-
purines que prennent les montagnes à mesure
qu'elles s'éloignent ou s'approchent, le gris de
la mousse qui recouvre les ruines, cette har-
monieuse variété de verts et de bruns, dans le
feuillage et les terrains brisés; en un mot, la
couleur de chaque partie de la nature à une
force étonnante pour rendre l'expression des
objets. Au lieu de tout cela, la gravure dans
sa pauvreté n'a que la forme et la simple gradation de lumière à offrir. Delà vient que la
douceur du pinceau de CLAUDE LE LORRAIN,
rend ses tableaux inappréciables, par les plus
fortes expressions de la nature; tandis que
ses gravures, pour la plûpart, sont des repré-
sentations dures et informes de quelque

chose qu'il ne pouvait pas parvenir à exprimer.

De même la gravure ne peut qu'imparfaitement donner l'idée d'une *grandeur éloignée;* c'est à la couleur qu'est due principalement son expression. Comme l'air, qui est naturellement bleu, est le milieu à travers duquel nous voyons; chaque objet participe de cette couleur en proportion de son éloignement. Si cet éloignement est petit, la teinte est imperceptible; mais si l'objet est éloigné, il perd entièrement la sienne propre, et reçoit celle de l'air. Ceci même est une preuve si familière de l'éloignement, au moins pour ceux qui habitent des pays de montagnes, que si un objet se distingue encore, après avoir reçu la *couleur éthérée,* si je peux m'exprimer ainsi, on en conclura d'abord qu'il est très grand. L'œil planant sur les plaines d'Egypte, et découvrant le point bleu d'une pyramide, juge son éloignement d'après sa couleur, et reste frappé de la grandeur d'un objet qui, à une pareille distance, peut encore montrer une forme. Ici la gravure reste en défaut; elle est incapable de donner l'idée d'une grandeur éloignée.

Je ne peux pas m'empêcher de placer ici

une observation sur un passage de VIRGILE.
Le poëte en décrivant une tour qui s'éloigne
d'un vaisseau à pleines voiles, dit

Protinus aërias Phœacum abscondimus arces.

LA RUE, et d'autres commentateurs expliquent
aërias par *altas* ou par quelque mot équivalent, ce qui est agrandir l'idée d'une chose
qui dans la nature diminue. L'idée de grandeur, n'est certainement pas celle qui frappe
dans un objet qui s'éloigne: j'imagine plutôt
que VIRGILE, qui était peut-être de tous les
poëtes le plus pittoresque, a voulu nous donner l'idée de la couleur plutôt que celle de la
forme; la tour ayant reçu par son éloignement la teinte de *l'air*.

La gravure laisse également apercevoir son
infériorité, lorsque le milieu lui-même reçoit
une teinte étrangère d'une forte couleur, qui
se trouve derrière lui. L'horreur qu'imprime
dans la nuit une atmosphère enflammée par
un feu éloigné, ne peut être rendue par du
noir et du blanc. WANDERVELT est parvenu
à peindre l'éclat terrible d'une flotte en flam-
mes; mais il serait ridicule à un graveur de
choisir ce sujet; puisqu'il ne peut pas rendre
l'idée qui le caractérise principalement.

La *transparence* se refuse également aux

efforts de la gravure: comme elle est formée d'une teinte composée de deux couleurs l'une sur l'autre, qui en partie se montrent séparement; si l'on n'employe qu'une seule couleur, il n'en résultera que quelque chose d'opaque. Une carnation fine, n'est qu'une peau blanche et transparente qui couvre une multitude de petits vaisseaux sanguins dont le rouge paraît au travers. Lorsque la respiration cesse, ces petites fontaines de vie cessent en même tems de couler; la fraîcheur disparaît, et cette pâleur livide, couleur de la mort lui succède. Un pinceau habile parvient à rendre ces deux effets. Il répand la chaleur de la santé sur les joues de la beauté, et il exprime avec la même facilité le froid inanimé de la nature morte. Mais la gravure ne peut rendre ni l'un ni l'autre, n'ayant qu'une même manière sèche, pour représenter la brillante transparence de l'une et la lourde opacité de l'autre.

Enfin la gravure ne saurait rendre le *poli des corps,* dont le lustre principal tient à la *réflexion des couleurs.* Cependant elle va plus loin ici, que lorsqu'il est question de transparence, puisqu'au moins dans les *corps polis,* elle peut rendre la *réflexion des corps;* elle peut montrer la forme de ces bois pendans sur les bords d'un lac, quoique incapable de leur donner les teintes convenables. Mais si les *corps polis* reçoivent la *teinte* sans *l'ombre,* ce qui arrive dans bien des cas; alors le graveur est tout-à-fait en défaut; il lui est impossible de faire sentir la couleur dont la liqueur pourprée fait participer le vase brillant qui la contient; il n'est pas davantage dans son pouvoir de rendre celle que refléchit sur l'armure des héros, la veste cramoisie qu'elle couvre.

En un mot, on peut conclure de ces remarques, qu'au sujet de *l'exécution* tout l'avantage reste du côté de la peinture. Que la manière qui peut le mieux donner l'idée de la surface d'un objet, est la meilleure; et que les lignes de la gravure la plus délicate, sont dures en comparaison du moelleux du pinceau. La *manière noire,* quoique fautive sous quelques rapports, est certainement la plus heureuse pour l'exécution, et l'ancienne *gravure en bois,* lorsque les teintes moyennes sont usées, et qu'elle est bien exécutée, possède une douceur, que ni le burin, ni l'eau forte ne peuvent donner.

CHAPITRE II.

Observations sur les différentes espèces de gravure.

IL y a trois espèces de gravure, le *burin,* *l'eau forte* et la *manière noire,* appellée autrement *mezzotinto.* Le caractère de la première est la *force,* celui de la seconde la *liberté,* et celui de la troisième la *douceur.* Cependant chacune d'elles peut en quelque degré réunir tous ces caractères.

Si les lignes que doit tracer le burin n'exigent pas beaucoup de délicatesse, sa forme angulaire leur donnera facilement de la force et de la fermeté. La correction, mais peu de liberté caractérisent ses tailles qui, formées dans le métal, doivent nécessairement manquer dans quelque degré de facilité.

Une *liberté illimitée* caractérise *l'eau forte;* la pointe qui glisse sur la surface du cuivre presque sans résistance, se prête facilement à tous les détours qu'il plaît à la main de lui faire prendre. Aussi l'eau forte n'est-elle qu'un dessin, et peut elle se pratiquer avec la même facilité. Comme *l'eau forte* mord d'une manière *égale*, elle ne peut donner aux lignes qu'elle forme, cette force qu'elles reçoivent d'un burin sillonnant dans le cuivre. Dailleurs il est difficile d'empêcher que la planche ne soit mordue *partout* également. Quoique en couvrant de cire ou de vernis les *parties éloignées*, on puisse conserver *l'effet général* de la *dégradation;* cependant le relief propre des petites parties, *l'harmonie* du tout-ensemble, exigent différens degrés de force, ainsi que des transitions de l'une à l'autre, que l'eau forte seule est incapable de produire. Dans ce cas le burin à l'avantage, puisque l'artiste par un trait léger ou vigoureux, peut à sa volonté varier la délicatesse ou la force dans toute sorte de degrés.

Comme l'eau forte et le burin ont leurs avantages et leurs défauts respectifs ; les artistes ont cherché à corriger l'une par l'autre, en joignant la *liberté* de la première à la *force* de la seconde. Dans la plûpart des gravures modernes, la planche est dabord gravée à l'eau forte, puis renforcée et terminée au burin ; ce qui bien exécuté produit un très heureux effet. La monotonie résultante de l'égalité de force des ombres disparaît, et la gravure obtient un nouvel effet par le relief qu'acquièrent les parties qui (en langage de peinture) pendent sur celles de derrière. Mais cette union des deux genres exige beaucoup d'art, et l'on voit quelquefois des gravures auxquelles peu de traits eussent suffi ; en recevoir un si grand nombre, qu'elles en sont labourées, lourdes et désagréables.

L'eau forte a produit la plus grande quantité d'excellentes gravures, et l'on a par elle, comme des *dessins* originaux de beaucoup de maîtres célèbres. Plusieurs d'entr'eux ont laissé des estampes de ce genre qui, quoique travaillées à la hâte, même incorrectes tiennent toujours quelque chose du *maître,* et par conséquent de beau.

Le *burin* a sans contredit l'avantage sur *l'eau forte* dans l'anatomie des figures humaines d'une certaine grandeur; la pointe ne pouvant pas exprimer ces transitions douces et délicates de la lumière à l'ombre, qui y sont nécessaires. En général de *grandes estampes* exigent une force que *l'eau forte* est incapable de produire. De pareils sujets appartiennent au *burin*.

Mais, *l'eau forte* convient particulièrement aux esquisses et aux dessins peu soignés, qui perdraient leur liberté et leur beauté, s'ils étaient exécutés par le *burin*. *L'eau forte* convient aussi beaucoup mieux au paysage, dont le feuillé, l'écorce des arbres, les ruines, exigent la plus grande liberté. En terminant au *burin* un paysage gravé à *l'eau forte,* on ne saurait prendre trop de précaution pour éviter la roideur. On doit surtout conserver la légéreté des touches dans toute planche gravé à l'eau forte; mais cette opération est particulièrement délicate dans un paysage. La terrasse, les troncs d'arbres peuvent bien y exiger quelques fortes touches, de même que ça et là quelques traits harmonieux ajouteront à l'effet; mais si le graveur s'aventure au delà; il sera bien heureux s'il ne lui en mésarrive.

Une planche *gravée au burin,* à moins qu'elle ne le soit bien légérement, fournira sept ou huit cents bonnes épreuves: cependant cela dépend en quelque façon de la dureté du cuivre. Une planche à l'eau forte n'en fournira pas au delà de deux cents, * à moins quelle

---

* Les *eaux fortes* de CALLOT ont donné plus de deux mille épreuves dont surement la moitié étaient parfaites.

Note du trad.

C

n'ait mordu très profondément, et dans ce cas elle pourra peut être en donner trois cents, après lesquelles la planche doit être retouchée, ou les épreuves seront faibles.

Avant de terminer l'article de l'eau forte, je dois parler d'une excellente manière de s'en servir, dont on fait usage depuis peu, et qui approche encore davantage du dessin que la manière ordinaire. Sur un papier mince, un peu plus grand que la planche de cuivre, on trace un contour correct du dessin que l'on veut graver; on place ce papier sur la planche (qu'on a auparavant couverte d'un vernis très mou) et l'on finit le contour et le dessin avec une mine de plomb. Chaque trait de la mine de plomb fait attacher le vernis mou au papier. Quand le dessin est fini, on ôte le papier de dessus la planche, et l'on trouve le vernis enlevé partout où l'on aura donné des traits sur le papier avec la mine de plomb. Il ne reste plus alors qu'à faire mordre avec de l'eau forte de la manière ordinaire, seulement comme le vernis est mou, l'eau forte doit être faible.

Outre les différentes manières de graver sur le *cuivre;* on a des gravures faites sur *étain* et sur *bois.* La planche d'étain donne à la gravure une grossièreté et une mal-propreté désagréables; mais la gravure sur bois est susceptible de grandes beautés. Nous donnerons dans la suite plus de détails sur ce genre de gravure.

La *manière noire* est tout-à-fait différente de la gravure au *burin*, et de celle à l'eau forte. Dans celles-ci on grave les ombres sur une planche unie. Dans la *manière noire* au contraire, la planche est couverte d'un fond rude, qui donnerait une impression entièrement noire, c'est sur ce fond que l'on gratte et polit les lumières.

Depuis le tems de son invention par le Prince Robert, comme on le suppose communément, * l'art de graver en *manière noire* s'est beaucoup plus perfectionné qu'aucune autre manière de graver. Quelques-unes des

C 2

---

* Ce n'est point au Prince Robert de Baviere et Palatin du Rhin, qu'est due l'invention de la *manière noire;* il l'avait apprise de Louis de Siegh'en ou Sichen, Lt. Colonel au service de Hesse-Cassel. Le portrait en buste de la Landgrave Amelie Elisabeth, qu'il fit paraître en 1643 est le premier ouvrage de ce genre. Le cause de l'erreur de Mr. Gilpin est apparemment que le Prince Robert étant amiral d'Angleterre, il y porta cette découverte, qui devint bientôt publique par l'indiscrétion de quelques ouvriers.

Note du trad.

premières *eaux fortes* sont peut-être les meilleures, et la gravure au burin n'a peut-être fait aucun progrès sensible depuis le tems de GOLTZIUS et de MULLER; au lieu que la gravure en *manière noire* est presque un art nouveau, comparé à son état originel. Si l'on examine les pièces modernes de nos meilleurs artistes dans ce genre; on trouvera qu'elles surpassent autant les ouvrages de WHITE et de SMITH, que ces maîtres ont eux-mêmes surpassé BECKET et SIMON. Il faut pourtant observer en même tems, qu'ils ont eu des originaux très différens à copier. Les portraits de KNELLER ne sont que des croutes en comparaison de ceux des artistes modernes, et ils sont à peine susceptibles de quelque effet d'ombre et de lumière. Quant aux ouvrages du Prince ROBERT, je n'en ai jamais vu aucun qui fut reconnu pour être *certainement* de lui; et ceux que j'ai vus, qui passaient pour être de sa main, sont exécutés dans la même manière dure, noire et désagréable, qu'on remarque dans les maîtres qui lui ont succédés. Malgré cela l'invention est belle, et le mérite en reste aux premiers maîtres. Après eux la gravure ayant appellé à son secours la méchanique, celle-ci lui a été d'une grande utilité en inventant une manière de *préparer le fond* qui était inconnue aux premiers maîtres: ceux qui connaissent la *manière noire,* savent que le *fond* est le point véritablement essentiel.

Le caractère de la *manière noire* étant la douceur, elle convient particulièrement aux portraits, aux tableaux d'histoire avec peu de personnages, et qui d'ailleurs ne doivent pas être petits. Rien, excepté la peinture, ne peut exprimer plus naturellement les chairs, les mouvemens des cheveux, les plis des draperies, ou l'éclatante lumière d'une armure. Le burin et l'eau forte sont obligés pour produire ces effets, de croiser des lignes, ce qui n'existe pas dans la nature. C'est la *manière noire* qui nous donne en gravure la représentation la plus forte des *surfaces* réelles. Si cependant les figures sont trop compliquées, elle manque de force pour en détacher les parties par un relief convenable: de même, si les figures sont trop petites, elles manquent de cette précision que les contours seuls ou, comme en peinture, des teintes différentes peuvent leur donner. Aussi dans les ouvrages en miniature, l'inégalité du fond rend le dessin lourd et mauvais, surtout pour les extrêmités. Des artistes médiocres ont essayé de remédier à ce défaut en faisant les contours de leurs figures au burin ou à l'eau forte; mais cette expérience a été suivie d'un mauvais succès, la dureté des lignes s'accordant mal avec la douceur du fond. Je ne parle pas de ce mélange judicieux de *l'eau forte* et de la *manière noire,* que White a employé le premier et que nos meilleurs graveurs pratiquent à présent, pour donner de la force à certaines parties; je parle seulement de ces lignes sans intelligence, qui produisent des contours si durs.

La *manière noire* excelle surtout, par la facilité qu'elle donne de produire les plus beaux effets d'ombre et de lumière, en les unissant par une dégradation insensible. Ceci paraît avoir été senti par Rembrandt, qui probablement avait vu quelques-unes des premières gravures en manière noire, et admirant leur effet, avait cherché à le rendre à l'eau forte, par une multitude de traits croisés dans tous les sens.

On n'obtient pas au delà de cent bonnes impressions d'une planche gravée en manière noire, le frottement de la main et de la presse l'ont bientôt polie et usée; cependant, si on la répare constamment, elle en fournira quatre ou cinq cents d'une force tolérable. Les meilleures impressions ne sont pas toujours les premières, celles-ci sont trop noires et trop dures, c'est à compter de la quarantième jusqu'à la soixantième ; les barbes sont alors adoucies, et il leur reste pourtant encore suffisamment de force.

Je ne dois pas finir ces observations sans parler de la manière de travailler à la *pointe sèche,* qui est une manière entre le burin et l'eau forte. Elle s'exécute en travaillant sur le cuivre nud, avec une pointe aigüe que l'on tient comme un pinceau; elle ne diffère de l'eau forte que par la force que l'on est obligé d'employer. Les graveurs se servent de cette méthode dans les ciels et les parties tendres; quelques-uns en ont même fait un usage plus général.

Depuis la dernière édition de cet ouvrage, on a fait usage d'une nouvelle manière de graver à l'eau forte appellée *aqua-tinta;* elle a cela de semblable à la manière ordinaire de graver à l'eau forte, que les ombres sont mordues par l'acide dans le cuivre, qu'on a couvert d'une préparation *grénelée.* L'eau forte qui ne peut agir que par les petits intervalles, qui existent entre les grains du fond, forme une espèce de lavis. Quelques artistes renforcent ce lavis par l'usage de la pointe, comme dans l'eau forte ordinaire, ce qui a un bon effet. Le grand secret de l'art consiste, je crois, dans la préparation du fond qui se fait de différentes manières: cependant le secret ne doit pas consister entièrement dans cette préparation, il faut nécessairement beaucoup d'intelligence dans l'usage qu'on en fait.

Le grand avantage de cette manière de graver, consiste à se rapprocher du dessin plus qu'aucune autre manière de travailler sur le cuivre; les ombres y sont jettées comme un lavis fait au pinceau; lorsqu'on la possède parfaitement, elle est susceptible de beaucoup de promptitude. Elle paraît en général plus propre à une esquisse qu'à un ouvrage fini, quoique dans une main habile, aidée de la pointe ou du burin, elle soit susceptible d'atteindre un haut degré de fini et d'élégance.

D'un autre côté, le désavantage de cette manière de graver, provient de la difficulté de graduer avec douceur les ombres dans les lumières. Quand l'artiste a fait une partie trop forte, et qu'en brunissant il veut obtenir une teinte au-dessous, bien souvent en brunissant l'une il gâte l'autre, et au lieu d'une gradation douce, on voit une bordure de lumière.

La gravure en aqua-tinta fut introduite en
Angleterre il y a environ trente ou quarante
ans, par un français nommé Leprince: on
ignore s'il en est l'inventeur. Cette manière
dabord peu connue, a été depuis beaucoup perfectionnée par différens artistes. Mr. Sandby
s'en est servi très heureusement dans plusieurs
de ses gravures, MMrs. Jukes et Malton
ont aussi donné de bonnes choses dans ce
genre; mais autant que j'en peux juger, Mr.
Alken l'a portée au plus haut degré de perfection, il a quelque secret pour préparer et
ménager ses fonds, qui donne à ses gravures
un effet supérieur.

CHAPITRE III.

Caractères des maîtres les plus célébres.

MAITRES EN HISTOIRE.

Sans avoir inventé la gravure, Albert Durer a été un des premiers qui l'ont perfectionnée. Il était à la fois peintre, homme de lettres et philosophe. On peut ajouter à sa gloire qu'il était l'ami intime d'Erasme, qu'on suppose avoir retouché quelques-unes de ses productions littéraires. Il s'occupa aussi des affaires publiques, et fut pendant plusieurs années le principal magistrat de Nuremberg sa patrie. Considérées comme les premiers efforts de l'art, ses estampes ont un grand mérite: on pourrait même ajouter, qu'il est étonnant de voir un art nouveau s'élever, dans ses premiers essais, au point où il ne parvient ordinairement qu'à la longue. L'élégance et la couleur du burin sont portées à un haut degré dans quelques - unes des pièces qu'il a gravées sur cuivre. Sa *scène d'enfer* particulièrement, qu'il a gravée en 1513, est d'un travail précieux et plein d'effet. On admire surtout, qu'un maître si près du berceau de l'art, ait mis autant d'expression qu'on en trouve dans ses gravures sur bois; les têtes y sont bien caractérisées, et chaque partie de détail est exécutée de la manière qui lui convient. ALBERT DURER était savant dessinateur; aussi ses compositions sont-elles ordinairement agréables, et le dessin généralement bon; il s'entendait peu à ménager la lumière, encore moins à donner de la grâce; cependant ses idées sont plus pures et plus élégantes, qu'on aurait droit de l'attendre des modèles grossiers que son pays et son éducation lui avaient fournis. C'était assurément un homme d'un grand génie, et comme le remarque *Vasari,* c'eut été un artiste extraordinaire si, au lieu d'une éducation allemande, il avait eu une éducation italienne. Ses estampes qui sont nombreuses ont été admirées et recherchées pendant sa vie, ce qui engagea sa femme, qui était avare et méchante, à le presser d'y employer plus de tems que son goût ne l'y portait. Il était riche et plus disposé à cultiver son art comme un amusement que comme un métier. Il mourut dans l'année 1527.

Les successeurs immédiats et les imitateurs d'ALBERT DURER, sont LUCAS DE LEYDEN, * ALDGRAVE, PENS, HISBEN et quelques autres moins connus. Leurs ouvrages qui sont tout-à-fait dans le style de leur maître, étaient admirés dans un tems où l'on ne voyait rien de mieux. Les meilleurs ouvrages d'ALDGRAVE sont deux ou trois petites pièces tirées de l'histoire de Loth.

GOLTZIUS fleurit peu après la mort de ces maîtres, et porta la gravure à un grand point de perfection. Il avait appris son art en Allemagne sa patrie; mais ayant voyagé en Italie, il y avait beaucoup perfectionné ses idées. On découvre dans ses ouvrages un mélange des écoles flamande et italienne. Ses formes ont quelquefois de l'élégance, mais en général le goût flamand y domine. GOLTZIUS est souvent heureux en *dessin* et en *disposition,* il pèche le plus dans la *distribution de lumière.* Son principal mérite est dans

* LUCAS de LEYDE naquit en 1454. Plus âgé de 16 ans qu'ALBERT, il était plutôt son émule que son imitateur, et surtout ne fut point son successeur. *Note du trad.*

l'exécution; il a gravé d'un burin noble, vigoureux et expressif, que les maîtres qui l'ont suivis ont à peine surpassé. La variété de son exécution est en même tems très agréable. Sa gravure de la *circoncision* est un de ses meilleurs ouvrages. L'histoire y est bien rendue, les groupes agréablement disposés et l'exécution admirable; mais les figures sont flamandes, et l'ensemble n'est qu'une masse de lumière, par le manque d'une distribution d'ombre convenable.

MULLER a gravé dans le style de GOLTZIUS. Je pense même d'un burin plus ferme et plus vigoureux encore. On n'a rien de plus beau, en fait d'exécution, que les ouvrages de cet artiste. Le *baptême de St.* JEAN montre peut-être le burin le plus hardi qui existe.

ABRAHAM BLOEMART était un maître hollandais contemporain de GOLTZIUS. On ignore quels moyens il eut pour se perfectionner, mais il est certain qu'il a dessiné d'un goût plus élégant qu'aucun de ses compatriotes. Ses figures sont souvent gracieuses excepté, seulement, quand il les entrelasse avec affectation; ce qui se remarque particulièrement dans les doigts: affectation que l'on trouve aussi quelquefois dans les gravures de GOLTZIUS.

La *résurrection de* LAZARE est un des chef-
d'œuvres de BLOEMART; on y trouve des défauts et des beautés qui le caractérisent également.

Pendant que les maîtres flamands et hollandais, portaient l'art de la gravure à un si
haut point de perfection, ANDRE MANTEGNE
l'introduisit en Italie, et c'est à lui que les
italiens en rapportent l'invention. * Les peintures de ce maître abondent en parties pleines
de noblesse, mais elles ont une roideur qui
les rend désagréables. On en trouve un exemple à Hamptoncourt dans son triomphe de
JULES CESAR. Ses estampes que l'on dit avoir
été gravées sur des planches d'étain, ont les

---

* Ce n'est point à Mantegne que les Italiens attribuent l'invention ou plutôt la découverte de la gravure, mais à MASO
FINIGUERRA orfèvre de Florence; on raconte à ce sujet qu'-
une blanchisseuse ayant par mégarde placé du linge humide sur
un des ouvrages de l'orfèvre, le noir qui était resté dans les
traits de la gravure s'imprima naturellement sur le linge par
son propre poids; ce qui porta FINIGUERRA à des essais qui
le menèrent à la découverte de cet art. L'époque de cette
invention en Italie, n'est postérieure que de 20 ans à la
même découverte faite en 1440 en Allemagne, et Mantegne
né à Mantoue en 1451 n'a pas pu avoir inventé la gravure; mais il faut en même tems convenir qu'il est le premier en Italie qui ait contribué aux progrès de cet art.

Note du trad.

mêmes qualités et les mêmes défauts. On y
aperçoit le contour chaste, correct, et la noble
simplicité de l'école romaine; mais on n'a rien
à attendre de plus, pas la plus petite attention à rendre *l'ensemble* agréable. On trouvera peut-être, qu'en général l'école Romaine
mettait plus d'importance aux choses essentielles de la peinture, qui ont rapport aux *parties;* et les maîtres flamands, à celles qui re-
gardent le *tout-ensemble.* Les premiers ont
par conséquent fait de meilleures figures, et
les derniers de meilleures *peintures.*

MANTEGNE eut pour successeurs le PAR-
MESAN et PALMA, deux maîtres d'une grande
réputation. Le PARMESAN s'étant formé le
goût le plus pur par l'étude des ouvrages de
RAPHAEL et de MICHEL ANGE, publia plusieurs figures seules et quelques dessins gravés
sur bois, qui abondent en beautés de tous les
genres; si l'on peut former un jugement sur
lui d'après le peu d'ouvrages qu'il a laissés.
S'il ne paraît pas très certain que le PARME-
SAN ait inventé l'art de graver sur bois; * on

---

* FRANÇOIS MANZZUOLI dit le *Parmesan* parce qu'il naquît
à Parme, n'a point inventé la gravure sur bois, mais bien
la manière de graver en clair-obscur au moyen de deux
planches de bois.   *Note du trad.*

est moins en droit de lui disputer ses préten-
tions à l'invention de la gravure à l'eau forte,
Il a publié dans ce genre quelques pièces légères qui lui ont fait beaucoup d'honneur.   Il
fut interrompu au milieu de ses travaux, par
un fripon de graveur qui lui volait toutes
ses planches.   Ne pouvant supporter ce malheur, il renonça à son art, et l'abondonna pour
la chimie.

PALMA était trop employé comme peintre,
pour avoir beaucoup de loisir à donner à la
gravure;   cependant il a laissé quelques eaux
fortes, qui sont remarquables par la délicatesse
du dessin et la liberté de l'exécution.   Sa
pointe est trop libre, mais pourtant belle. Ses
gravures sont rares, et même il est rare de
trouver de lui autre chose que des esquisses.

FRANÇOIS PARIA paraît avoir copié, et avec
beaucoup de succès, la manière de PALMA; mais
ses gravures sont encore plus rares que celles
de ce maître, et l'on n'en a pas un nombre
suffisant pour pouvoir établir un jugement sur
son mérite.

ANDRE ANDREANI de Mantoue, est celui
qui a poussé le plus loin la gravure sur bois,
il l'a portée à un degré de perfection qui n'a
pas été surpassé depuis.   Les ouvrages de ce

maître sont remarquables par la liberté, la force, l'esprit de l'exécution; par l'élégante correction du dessin, et en général par leur effet. Peu de gravures approchent autant de la peinture. Elles ont une force que le burin sur le cuivre ne saurait atteindre, et le lavis dont les teintes moyennes sont composées, y ajoute souvent la douceur d'un dessin. Mais l'on rencontre rarement les ouvrages de ce maître dans leur état de perfection. D'abord ils sont rares, et lorsqu'on en trouve, c'est un hazard que l'impression en soit bonne, ce qui est de la plus grande importance dans ce genre de gravure, où la beauté des estampes dépend en si grande partie de la bonté de l'impression. Le plus souvent les contours sont durs, les teintes moyennes sont perdues et quelquefois ne sont pas terminées. D'après tout cela, on doit juger que ce n'est pas la manière la plus heureuse de graver.

En parlant des anciens maîtres italiens, on ne doit pas oubier MARC-ANTOINE et AUGUSTIN de Venise. Ils sont l'un et l'autre célébres, et ont laissé à la postérité un grand nombre d'estampes gravées d'après les ouvrages de RAPHAEL. Mais leur *antiquité* paraît les avoir rendus plus recommandables que leur

D

propre *mérite :* leur exécution est dure et roide à l'excès. Si nous n'avions que leurs estampes pour nous donner une idée des ouvrages de RAPHAEL, on devrait s'étonner, ainsi que l'observe PICART, comment ce maître a pu acquérir sa grande réputation; mais peut-être ne peut-on pas en Angleterre se former une idée juste de ces maîtres: on m'a assuré qu'en Italie, leurs meilleures ouvrages sont aussi estimés que recherchés par les curieux, et que le peu qui est passé dans d'autres pays n'est en général que du rebut.

FREDERIC BAROCHIO ou le *Baroche*, naquît à Urbin et fut inspiré du génie de RAPHAEL. Il vint à Rome dans sa première jeunesse, et s'y livrant à un travail excessif, il obtint un grand nom en peinture. Dans ses heures de loisir il a gravé quelques-uns de ses propres dessins qui sont extrémement finis, et exécutés avec une grande délicatesse et beaucoup de douceur. La *salutation* est son ouvrage capital; il est rare d'en trouver des épreuves qui n'aient pas été tirées de la planche retouchée, alors elles sont très dures.

ANTOINE TEMPESTE était né à Florence, mais il résidait principalement à Rome, où GREGOIRE XIII l'employait à peindre. Son

œuvre en gravure est considérable, et entièrement fait d'après ses propres dessins. Ses sujets favoris étaient les batailles et les chasses.
Son mérite consiste dans l'expression, l'action et
le caractère; dans la grandeur des idées et la
fécondité de l'invention. Ses figures ont de la
grâce et de l'élégance, et ses têtes sont marquées de beaucoup d'esprit et de correction.
Ses chevaux sont gras et mal dessinés, et quoiqu'il soit évident qu'il ne les a jamais copiés
d'après nature; ils sont cependant pleins de
noblesse, et présentent une variété infinie de
beaux mouvemens. Ses défauts sont également
saillans. Sa composition est généralement
mauvaise : on y trouve quelquefois un bon
groupe, mais rarement un tout agréable. Il
n'avait pas l'art de ménager la délicatesse de
ses lointains, ce qui empêchait tout effet de
dégradation. Son exécution est dure, et il
ignorait entièrement la distribution de la lumière. Cependant son mérite est tel, qu'au
moins comme études, ses gravures méritent,
dans les cabinets des connaisseurs, un rang
plus distingué que celui qu'elles y occupent
ordinairement. Il y en a peu qui ne fournissent matière à une excellente composition.

Augustin Carrache a laissé quelques

eaux fortes dont on admire la délicatesse du dessin et la liberté d'exécution; mais la pointe en est molle et manque de force. Le style de l'eau forte est plus propre à des esquisses qu'à des estampes finies. J'ai entendu beaucoup recommander son estampe de St. Jérome; mais je ne trouve dans mes notes aucune remarque sur cette gravure.

La plûpart des eaux fortes du GUIDE sont petites. Elles sont estimées pour la simplicité du dessin, l'élégance, la correction des contours, et cette grâce pour laquelle ce maître est généralement, peut-être trop généralement estimé. Les extrémités de ses figures sont particulièrement traitées avec une grande exactitude; mais on trouve dans les ouvrages du GUIDE la même mollesse que dans ceux de son maître le CARRACHE, en même tems que moins de liberté: les *parties* sont achevées, le *tout-ensemble* négligé.

CANTARINI copia la manière du GUIDE comme PARIA celle de PALMA, et si habilement qu'il est souvent difficile de distinguer les ouvrages de ces deux maîtres.

CALLOT connaissait peu quelques-uns des grands principes de la peinture, et il ignorait totalement la composition et la distribution de la lumière; mais quoiqu'il fut incapable de faire un tableau, il s'entendait admirablement bien à dessiner des figures. Ses attitudes sont en général gracieuses, quand elles ne sont pas affectées; l'expression est forte, le dessin correct, et l'exécution savante, quoique trop fatiguée. Sa *foire* est un bon abrégé de ses ouvrages. Considérée comme *tout-ensemble*, c'est un mélange confus d'idées; mais les parties examinées séparément paraissent l'ouvrage d'un maître. On peut caractériser de la même manière son plus fameux ouvrage, les *misères de la guerre*, où il y a plus d'expression dans l'action et dans les caractères, qu'on n'en ait jamais vue avec une aussi petite échelle, et cependant je ne sais pas si ses *mendians* ne méritent pas la préférence. La composition qu'il a choisie dans les *misères de la guerre*, lui a rarement réussi; au lieu que ses *mendians* sont des figures détachées, dans la composition desquelles il a surtout réussi. J'ai vu de ce maître un très grand ouvrage en deux estampes carrées de près de quatre pieds de côté, représentans le siège de Toulon; * mais ce sont plutôt des plans

---

* Il y a apparemment erreur de nom, et c'est le siège de la

en perspective que des peintures. La peine qu'il y a prise est étonnante; elles contiennent une multitude de figures, et représentent en miniature tous les plaisirs et toutes les occupations d'un camp. J'ajouterai qu'il règne dans tous les ouvrages de ce maître un goût de carricature qui, lorsque le sujet le comporte, montre beaucoup de facilité; dans la *tentation de St.* ANTOINE on le trouve d'une manière tout-à-fait plaisante.

Le Comte GAUDE passant à Rome dans ses voyages, s'y lia d'amitié avec ADAM ELSHAMAR, d'après les dessins duquel il a gravé au burin quelques estampes. Il n'a jamais pratiqué la gravure comme profession, ce qui pourrait engager à l'indulgence si ses estampes en avaient besoin; mais dans leur genre elles sont belles, quoique en général il y ait de la roideur. Elles sont très finies et cette correction les prive de liberté. Il a particulièrement

---

Rochelle dont l'auteur veut parler ici; CALLOT n'ayant gravé que ce siège. Le Cardinal de RICHELIEU ayant même voulu l'engager à graver celui de Nanci, l'artiste refusa, et assura qu'il se couperait plutôt le pouce, que de consacrer par son talent le malheur de son Prince et de sa patrie. CALLOT était sujet du Duc de LORRAINE et né à Nanci en 1593. *Note du trad.*

choisi pour sujets, les clairs de lune, et les
effets de lumière artificielle: son grand mérite
consiste à bien observer ces différens effets de
lumière. Ses estampes sont la plûpart petites,
je n'en connais qu'une grande, la *fuite en
Egypte.*

Salvator Rosa a *peint* le paysage plutôt que l'histoire; cependant ses gravures sont
principalement historiques. Il était né peintre
et possédait son art, excepté la *distribution
de la lumière* qu'il paraît avoir ignorée. Le
paysage capital, parmi ceux de ce maître qui
se trouvent à Chiswick, est un beau tableau.
L'invention, la composition, les lointains, les
figures, tous les détails et les accessoires en
sont achevés; mais il reste beaucoup à dési-
rer sur la distribution de la lumière qui, peut-
être, serait meilleure, si le soleil éclairait le
fond du milieu sur lequel reposent les figures
du second plan. Salvator a généralement
réussi en *dessin,* et surtout en *composition;* ses
figures tournées avec goût sont gracieuses, ex-
pressives, bien groupées, et présentent des attitudes variées et agréables. On ne peut pas,
en même tems, s'empêcher de convenir qu'il
est *maniériste* pour ses jambes, qui quoique
bien tournées paraissent toutes jettées au même

moule: on remarque aussi de la roideur dans
le dos des mains étendues, tandis que la paume
en est belle. Mais je m'aperçois que cette
critique devient minutieuse. Sa *manière* est
négligée au point de n'admettre ni douceur ni
effet; cependant on y trouve une simplicité
et une élégance qui décèlent la main d'un
maître, *Sibi quivis speret idem*. On peut lui
reprocher, dans la manière dont il a placé
les ombres, d'avoir souvent fait porter sur la
moitié d'un *visage* l'ombre d'une grande ligne,
ce qui donne à un objet si petit et si délicat,
quelque chose de brusque et de désagréable.
En traitant ainsi un visage comme un œuf,
il détruit la distinction nécessaire des traits.
Salvator avait du génie et de l'instruction,
ce dont ses ouvrages fournissent des preuves
multipliées. Son style a de la grandeur; tous
les objets dont il a fait usage sont de nature héroïque, et ses sujets en général montrent une connaissance parfaite de l'histoire
ancienne et de la mythologie. Une disposition
vagabonde, à laquelle il avait laissé trop de liberté, semble avoir donné quelque chose de
sauvage à toutes ses idées. On prétend qu'-
ayant passé les premières années de sa vie
dans une troupe de bandits, la vue des ro-

chers dans lesquels il était accoutumé de se
retirer; lui avait fourni ces idées romantiques
qui font la partie essentielle de ses paysages,
et qu'il a si parfaitement réussi à rendre.
C'est pourquoi l'on prétend que ses *voleurs,*
comme on appelle communément ses figures
détachées, ont été faits d'après nature

Le mérite de REMBRANDT comme peintre,
est dans la coloris, qu'il possédait dans une
telle perfection, qu'il rachète par là tous les
autres défauts de ses peintures. Ses gravures,
privées de ce palliatif, n'ont conservé que les
qualités inférieures qui le distinguent, savoir,
l'expression, la connaissance du clair-obscur,
l'exécution et quelquefois la composition. Je
les place dans le même ordre qu'il paraît les
avoir possédées. Son expression est surtout remarquable dans les caractères de l'âge, qu'il
marque avec autant de force que la main
même du tems. Il possédait aussi dans un
grand point de perfection cette espèce inférieure d'expression, qui donne à chaque espèce de draperie, de fourure, de métal, en
un mot, à tous les objets qu'il représentait, la
touche qui leur était propre. Il distribuait sa
lumière pour obtenir des contrastes frappans,
ce qui ordinairement produit un bon effet;

cependant quelques-nnes de ses estampes en manquent entièrement; ce qui porte à croire qu'il n'avait pas de principes, ou qu'ils n'étaient pas encore affermis lorsqu'il a publié de pareilles estampes. Son exécution lui est particulière, et sa pointe ou rude ou nette, suivant qu'il faisait une esquisse ou une pièce achevée, est toujours libre et savante; il produisait son effet par des hachures croisées dans toutes sortes de directions, et par cette manière d'employer la pointe, il a plus approché de la peinture qu'aucun autre maître. Nul peintre n'était plus que REMBRANDT, dénué de cette espèce de grâce nécessaire pour soutenir un caractère élevé. Aussi, très estimable lorsqu'il reste dans sa sphère et se borne à des sujets communs; on lui ferait honneur, quand il recherche la dignité, de supposer qu'il n'avait en vue qu'une carricature ou une idée burlesque. Il existe un contraste frappant entre ce maître et SALVATOR, l'un a donné de la grâce et de la noblesse à un sujet commun, et l'autre semble avoir puisé dans les images les plus basses de la nature les caractères de ses sujets les plus relevés, c'est pourquoi SALVATOR élève des bandits en héros, et REMBRANDT dégrade des patriarches en mendians.

Rembrandt paraît même avoir mis de l'affectation dans cette espèce de grossièreté, et
se moquait des artistes qui étudiaient l'antique. „Je vous montrerai mes antiques," di-
sait-il, et après avoir rassemblé ses amis dans
un appartement rempli de coiffures, de draperies, de meubles et d'instrumens de toute espèce: „voila," ajoutait-il, „qui vaut bien tous
vos antiques." Sa meilleure eau forte est celle
à laquelle il avait lui-même donné le nom de
gravure à cent florins; elle est si estimée,
que je sais qu'on a payé trente guinées pour
une bonne épreuve. Il y a réuni toutes ses
qualités; je pourrais ajouter ses défauts aussi.
L'âge et la misère y sont admirablement bien
exprimés; mais la figure principale est basse
jusqu'au ridicule. Rembrandt, dit-on, a laissé
près de trois cents estampes, dont aucune
n'est antérieure à 1628 et aucune postérieure
à 1659. Elles étaient tellement recherchées,
même pendant sa vie, qu'on assure qu'il en a
retouché plusieurs jusqu'à quatre et cinq fois.

Pietre Teste a travaillé sur un plan tout-
à-fait différent de Salvator et de Rembrandt.
Ces maîtres tiraient leurs idées de la nature,
Teste de ce qu'il estimait un modèle supérieur, l'antique. Passionné pour la peinture

cet artiste fut à Rome dans un habit de péle-
rin, où dépourvu de tous les moyens de se
perfectionner, il n'eut que son propre génie.
Il n'avait même pas un ami qui put lui procurer des recommandations, et il manquait
d'adresse pour y suppléer. Comme il rencon-
trait le plus ordinairement des ouvrages de
sculpture, il s'y appliqua avec tant d'obstina-
tion, en les copiant et recopiant, qu'on prétend qu'il les savait par cœur. Après cette
étude il prit le pinceau; mais il s'aperçut
bientôt, qu'elle était insuffisante pour former
un peintre. Ayant négligé le coloris, ses tableaux ne furent nullement estimés. J'ai ouï
dire que quelques-unes de ses peintures sont
excellentes, et que si les Médicis avaient con-
tinué de diriger le goût en Italie; ses ouvrages se seraient élevés au-dessus des premières
productions de son âge. Mais le malheur de
Teste fut de vivre dans un tems, où les arts
étaient sous une protection moins éclairée, et
P. De Cortone son rival l'emporta sur lui,
quoique avec moins de génie. Trompé dans
ses espérances, et mortifié par ses revers, il
abandonna la palette pour se livrer à la gravure à l'eau forte, dans laquelle il obtint des
succès. Ses estampes quoique peu estimées

ont beaucoup de mérite. Il est cependant rare d'y trouver de la cohérence dans le dessin; et la plus grande partie de ses compositions sont si pleines d'enthousiasme; qu'on en pourrait conjecturer qu'il avait la tête un peu dérangée. Il règne, même généralement dans tout ce qu'il a fait, une telle incohérence dans les idées, qu'il est quelquefois difficile d'en deviner le but. Il avait moins de connaissance du clair - obscur que des règles du dessin. Malgré tout ce que nous venons d'en dire, ses ouvrages contiennent une infinité de choses agréables, et fourmillent des produits d'une imagination qui, malgré tout ce qu'elle a de déréglé, est pourtant agréable. Ses idées sont nobles et sublimes, son dessin d'une pureté élégante, ses têtes touchées avec un esprit et une expression peu communs; ses figures sont gracieuses, quoique tenant un peu trop de l'antique, ses groupes souvent beaux, et l'exécution de ses meilleures eaux fortes savante. *
(Car quelquefois il ne ressemble pas) peut-être aucunes estampes n'offrent autant que les siennes, d'études profitables pour un peintre.

---

* Quelques - uns de ses ouvrages ont été gravés à l'eau forte par Cɛs. Tɛstɛ.

La *procession* de SILENE, si l'on peut débrouiller la confusion du dessin, prouvera tout ce qui vient d'être dit. *L'ensemble* en est aussi incohérent que les parties en sont belles. Cet artiste infortuné s'est noyé dans le Tibre, et il est encore incertain, si ce fut l'effet d'un accident, où d'un projet prémédité.

SPANIOLET a gravé à l'eau forte quelques estampes, d'une pointe spirituelle. Aucun maître n'a mieux que lui connu la valeur de chaque touche. SILENE *et* BACCHUS, et le *martyre de St.* BARTHELEMI sont les meilleures de ses gravures historiques; elles sont pourtant inférieures à quelques-unes de ses carricatures, dont l'exécution est admirable.

MICHEL DORIGNY ou DORIGNY *le vieux,* comme on le nomme souvent pour le distinguer de NICOLAS, eut le malheur d'être le gendre de SIMON VOUET, dont il a gravé les ouvrages, et en même tems copié les défauts. On trouve de la liberté dans son exécution, et une grande intelligence du clair-obscur dans les figures seules; ses draperies sont naturelles et bien jettées; mais son dessin est au-dessous de la critique, principalement dans les extrémités. Il paraît en ce cela avoir été égaré par son maître. VOUET excellait en composition, ce dont on trouve plusieurs beaux exemples dans les estampes de DORIGNY.

VILLAMENE était inférieur à peu de graveurs. Si sa manière manque de force et d'effet, on y trouve une délicatesse inimitable. Une de ses meilleures estampes est la *descente de croix*. Ses ouvrages sont si rares qu'on peut difficilement se former une idée de son mérite.

Le génie D'ETIENNE DE LA BELLE se montrait surtout dans les ouvrages en petit, aussi sa manière qui manque de force pour tous les ouvrages un peu grands, paraît avec avantage dans les petits objets. On trouve dans ses estampes une liberté et une netteté peu communes. Ses figures sont touchées avec esprit, et quelquefois ses compositions sont bonnes; mais il a rarement mis de l'intelligence dans la distribution de sa lumière; il est vrai que ce défaut est peu saillant, à cause de la petitesse de ses estampes. Son *pont neuf* peut donner une idée de ses ouvrages. Par la mauvaise distribution de la lumière, il ne produit dans *l'ensemble* aucun effet; quoique la composition (si l'on excepte l'architecture moderne) en soit tolérable; mais les figures en sont marquées de grandes beautés, et les lointains en sont extrêmement délicats. Quelques-unes de ses têtes particulières sont très élégantes.

Les ouvrages de LA FAGE ne sont la plûpart que des esquisses. Le grand mérite de ce maître est dans le dessin, qu'il possédait dans un haut point de perfection; quelque peu finis que soient ses ouvrages, on y découvre toujours une connaissance profonde d'anatomie et des proportions. Mais il a peu réussi dans les autres parties de l'art; quoiqu'il ait quelquefois de la grâce et de l'expression, rarement sa composition est bonne; ses figures sont en général beaucoup trop compliquées et trop diffuses. il paraît avoir ignoré totalement l'effet de la lumière et des ombres, autrement il n'aurait jamais montré le mauvais goût de publier ses dessins, sans y en avoir au moins indiqué quelques masses. On a même des preuves positives de son ignorance à cet égard toutes les fois qu'il a cherché à produire des effets de lumière. Son génie a réussi surtout dans les danses de nymphes et de satyres et dans les bachanales; mais il a mis tant d'obscénités dans ses ouvrages de ce genre, que quoique faits avec beaucoup d'esprit, ils procurent rarement un amusement innocent.

Lorsqu'il a recherché le sublime, il l'a rendu avec une dignité étonnante, et même quelques-unes de ses figures de Christ ne sont pas inférieures aux conceptions de RAPHAEL. Dans une légère esquisse, intitulée la *vocation de Moyse,* il a donné à Dieu une majesté surprenante. ERTINGER a gravé légérement à l'eau forte ses meilleures ouvrages, d'après les dessins originaux; et les a bien rendus

BOLSWERT a gravé les ouvrages de RUBENS, dans un style tout-à-fait digne de ce maître. On retrouve, dans l'exécution du graveur, la liberté et le feu qui caractérisent celle du peintre. On prétend que RUBENS retouchait ses épreuves; * il est probable que par là les idées du peintre se sont transmises dans les estampes du graveur.

PONTIUS ou DU PONT a comme BOLSWERT gravé les ouvrages de RUBENS, et passerait pour un grand maître s'il n'avait pas eu un tel rival.

SCHIAMINOSSI a gravé, en petit d'une

---

* On a même dit que RUBENS retouchait ses planches, ce qui ne paraît pas vraisemblable; puisque n'étant pas familiarisé avec la maneuvre du burin, ses retouches auraient trop contrasté avec la liberté et la facilité des tailles de BOLSWERT.

Note du trad.

E

pointe savante, les *mistères du Rosaire.* La composition de ces estampes ne présente pas beaucoup de beautés; mais le dessin en est bon, les figures en général gracieuses, et les têtes touchées avec esprit.

Roman le Hooghe est inimitable dans l'exécution. Peut-être même aucun maître n'a manié la pointe avec plus d'esprit et de liberté. Le plus souvent ses figures sont bonnes, mais sa composition est en général trop confuse. Il connaissait peu le clair-obscur, et il règne dans ses ouvrages un désordre qui blesse l'œil amateur de la simplicité. Le *Déluge de Coeverden* est parfaitement rendu. Les auteurs contemporains de Le Hooghe l'emploièrent beaucoup à composer des frontispices, dont quelques-uns sont fort beaux.

Luiken a suivi la manière de Le Hooghe; mais avec moins de succès. Son *histoire de la bible* est un grand ouvrage, dans lequel on trouve plusieurs bonnes figures et une grande facilité d'exécution, en même tems qu'une pauvre composition, beaucoup de confusion, et peu d'intelligence à bien distribuer la lumière. Ce maître a gravé aussi un livre des différentes espèces de peines capitales; quoique le sujet en soit dégoutant, on y

trouve dans le nombre plusieurs bonnes estampes.

GERARD LAIRESSE a gravé à l'eau forte,
sans finir ni s'astreindre à aucune règle.
Sa manière est libre et savante, et ses lumières
sont le plus souvent bien distribuées; mais il
manque de force dans les ombres, pour
donner de l'effet à ses estampes. Quoique
peintre hollandais on ne trouve rien de hollandais dans ses ouvrages. Ses compositions,
et surtout celles où il n'a employé que peu
de figures, ont en général de l'élégance et de
la beauté, et les figures particulières y ont de
la grâce et de l'expression: on peut ajouter
qu'il a surtout excellé à rendre les draperies.
Le simple et le sublime qu'il a mis dans tous
ses ouvrages, lui ont acquis le titre mérité du
RAPHAEL *hollandais.* LAIRESSE peut avec
justice être appellé le peintre de la morale,
puisque communément ses ouvrages contiennent quelque idée de morale ou de religion:
ce que prouvent les sentences latines qui se
trouvent au bas de ses estampes.

CASTIGLIONE était italien, et ne manquait
pas de mérite comme peintre. Quoiqu'il don-
nât de la pureté et de la grâce aux figures
humaines, il a cependant le plus souvent fait

choix de sujets, dont les animaux composent la partie essentielle. On trouve dans les dessins de ce maître une belle simplicité. Il excellait en composition, et l'on a plusieurs exemples de l'élégance de ses groupes, dans une suite d'estampes que C. Marcee a gravées d'après ses tableaux, d'une pointe libre et badine. On le remarque particulièrement dans celles du *voyage patriarchal*. Il a laissé différentes eaux fortes de sa *propre* main, qui ont beaucoup de mérite, quoique les sujets de quelques-unes soient bizarres et fantasques, et que la composition n'en soit pas égale à celles de quelques estampes gravées, d'après ses tableaux, par d'autres mains; mais l'exécution en est grandement supérieure; on y trouve de la force, de la liberté et de l'esprit dans un point éminent; et beaucoup de délicatesse, dans les estampes qu'il a finies avec soin. Une de ses meilleures gravures, est *l'entrée de* Noe *dans l'arche.* La composition, la distribution des lumières; l'esprit et l'expression avec lesquels les animaux sont touchés, la liberté d'exécution, tout en est admirable.

Tiepolo s'est distingué, mais plus par le mérite que par le nombre de ses eaux fortes. J'ai appris qu'il fut principalement employé à l'Escurial et dans les autres palais d'Espagne. L'ouvrage sur lequel se fonde sa réputation comme graveur, est une série de vingt planches de neuf pouces de long sur sept de large. Le sujet en est emblématique et d'une interprétation difficile : elles renferment une grande variété de compositions riches et élégantes, d'excellentes figures, de belles têtes de viellards, et de différens caractères. Ces estampes sont peu communes, au moins les ai-je rarement rencontrées, j'en ai vu quelques autres du même maître; mais celles-ci seules m'ont parues dignes de sa réputation. C'était un homme étrange et capricieux, et ses meilleures estampes sont, peut-être, celles où il a le plus donné cours à la bizarrerie de son imagination.

VANDER MUILEN * nous a donné des estampes historiques de différentes batailles et sièges du règne de Louis XIV. Elles sont la plûpart de grandes dimensions, et contiennent quelques bonnes figures et des groupes agréables; mais elles manquent d'effet, et présentent rarement un *tout-ensemble*. Une désagréable

---

* On le nomme quelquefois VANDER MEULEN.

monotonie (comme disent les musiciens) règne dans ses ouvrages.

OTTO VENIUS, quoique flamand, a tout-à-fait l'air d'un italien. Il a l'honneur d'avoir été le maître de RUBENS, qui apprit de lui principalement le clair-obscur. Cet artiste a publié un livre d'emblêmes d'amour, dans lequel les cupidons sont gravés avec beaucoup d'élégance. Ses estampes tirées de la fable ont moins de mérite.

GALESTROZZI était un excellent artiste; ses tailles ont de la fermeté, une grande précision, en même tems que beaucoup de liberté. Son dessin est bon, ses têtes bien touchées et ses draperies belles. Il a gravé quelques eaux fortes d'après l'antique, dont quelques-unes sont de peu d'importance. Le meilleur de ceux de ses ouvrages que j'ai vus, est *l'histoire de* NIOBE (estampe longue et étroite) d'après POLIDORE.

MELLAN a mis de la singularité dans sa manière de graver. On trouve beaucoup de variété et de beauté dans ses ombres, quoiqu'il les ait composées entièrement de tailles parallèles, qui suivent la direction des muscles de ses figures et des plis de ses draperies. Sa manière a de la délicatesse, mais manque

de force et d'effet : c'est pourquoi ses compositions ne forment pas de *tout-ensemble,*
quoique les figures aient chacune de l'élégance.
Ses saints et ses statues sont en général ce
qu'il a fait de meilleur; il y a beaucoup d'expression dans plusieurs des premiers, et quelquefois ses draperies sont incomparables. Il a placé
au bas d'une de ses meilleures estampes l'in-
scription, *per se surgens,* et au bas d'une autre
très bonne, cet étrange passage de St. AUSTIN,
*Ego evangelio non crederem, nisi me catho-
cæ ecclesiæ commoveret auctoritas.* Sa sainte
face exécutée avec une seule taille tournante,
est savante quoique bizarre. *

Les eaux fortes d'OSTADES, ainsi que ses
tableaux, rendent admirablement bien la nature triviale; elles abondent en expression et
en gaieté, qualités distinctives de ce maître:
elles sont d'ailleurs peu recommandables. Ses
compositions ont en général peu d'intérêt, et
l'exécution n'en est remarquable en aucune
façon. Quelquefois, mais rarement, on y découvre un effet de lumière.

---

* Ce qui rend le tour de force plus extraordinaire est la grandeur de cette sainte face qui est grande comme nature.

Note du trad.

CORNELIUS BEGA a gravé à l'eau forte dans la manière d'OSTADES, mais avec plus de liberté.

On ne reconnait pas le maître flamand dans le dessin de VAN TULDEN, qui paraît s'être formé à l'étude de l'antique : il est chaste, élégant et correct. Sa manière est plutôt ferme et distincte, qu'elle n'a de liberté et d'esprit. Le *voyage* d'ULISSE *en cinquante huit planches* est son principal ouvrage; on y trouve un grand nombre d'attitudes, d'excellens caractères de tête, de bons dessins, et quoiqu'il n'y ait pas beaucoup d'effet; on y voit cependant de bons groupes. Ses draperies sont lourdes.

JOSEPH PARROCHEL était peintre de bataille de LOUIS XIV. Ses eaux fortes sont la plûpart gravées d'après ses propres dessins. On regarde comme les meilleurs de ses ouvrages, huit petites batailles; dont quatre sont d'une dimension plus grande que les autres; de ces quatre la *bataille* et le *depouillement des morts* sont très belles. Parmi les quatre plus petites; la meilleure est celle qu'il a intitulée le *soir*. Sa manière est heurtée, libre et savante, et il avait une grande connaissance du clair-obscur. Sa plus grande entreprise est la *vie du Christ* en une série de planches; mais le travail en est précipité et incorrect. La plûpart de ces estampes ne sont que des esquisses, et même plusieurs considérées sous ce point de vue sont mauvaises; quoique la liberté de la pointe plaise jusque dans les plus mauvaises. Les meilleures planches sont les 14e, 17e, 19e, 22e, 28e, 39e, 41e, 42e et 43e.

V. LE FEBRE a gravé à l'eau forte d'une pauvre manière plusieurs dessins de TITIEN et de JULES ROMAIN. Le dessin y est mal observé, les draperies froissées, les lumières mal conservées et l'exécution dégoutante: cependant on trouve ses estampes dans des collections capitales.

Les estampes de BELLANGE sont extrêmement finies et l'exécution n'en est pas mauvaise. Ses figures ont par fois quelque chose qui ressemble à de la grâce, et ses lumières sont massées d'une manière tolérable; mais les contours de ses têtes sont mal arrêtés, ses extrémités incorrectes et ses figures mal proportionnées: en un mot son dessin est mauvais.

Un peintre français, CLAUDE GILLOT se trouvant surpassé dans cet art, mit de côté le pinceau et se livra entièrement à la gra-

vure à l'eau forte. Ses sujets les plus ordinaires sont des *danses* et des *réjouissances* or-
nées de satyres, de nymphes et de faunes. En
donnant à ses sylvains une tournure d'yeux
particulière, il a introduit une nouvelle espèce de caractère. L'invention de ce maître
est agréable et ses compositions ordinairement
bonnes. Sa manière qui est légère, fait supporter le peu de soin qu'il a mis dans ses
dessins.

On peut reprocher à WATTEAU de grands
défauts; mais on ne peut en même tems s'empêcher de lui reconnaître beaucoup de mérite.
On remarque dans ses ouvrages la confusion
et l'affectation, si désagréables dans le plus
grand nombre des peintres français; mais en
même tems il faut convenir que son dessin est
bon, et que ses figures ont de la délicatesse
et de la grâce: il produisait souvent de beaux
effets de lumière. Je parle surtout de ceux de
ses ouvrages qui ont été gravés par d'autres
artistes. Il a fait lui-même à l'eau forte
quelques planches d'une pointe légère, facile
et élégante. Les meilleures se trouvent dans
un petit livre de figures dont les habillemens
et les attitudes sont différens.

CORNEILLE SCHUT a principalement excellé dans l'exécution, quelquefois même en composition ; mais il n'avait aucune idée de grâce, et en tout il a peu de mérite.

GUILLAUME BAUR a gravé à l'eau forte d'une pointe spirituelle. Ses plus grands ouvrages sont dans le genre historique, et plusieurs représentent des sièges et des batailles qui ont dévasté la Flandre dans le seizième siècle. Ils *peuvent* être exacts, et probablement ils le *sont;* mais c'est moins des peintures que des plans, qui n'ont de recommandable que la vérité historique et la liberté d'exécution. Les meilleures estampes de BAUR sont ses caractères des différentes nations, qu'il a observés avec intelligence. Son OVIDE est un pitoyable ouvrage.

COYPEL a laissé de sa main quelques eaux fortes, dont la principale est un *Ecce homo* touché avec beaucoup d'esprit. On a plusieurs estampes, qu'il a gravées d'abord à l'eau forte, et fait terminer ensuite par d'autres graveurs. Quoiqu'il soit probable qu'il a surveillé ce travail, il est cependant certain que nous aurions eu de meilleures estampes, si nous les avions reçues pures de ses mains. On aurait été bien dédommagé de leur manque de force, par l'intelligence qui y aurait régné.

B. Picart peut être compté parmi les plus
habiles graveurs français. Ses *imitations* for.
partie de ses ouvrages les plus intéressans.
Le goût de son tems était tellement en faveur
de l'antiquité : „Qu'aucun moderne n'était
digne d'être regardé.“ Picart fâché d'une
pareille injustice, imita à l'eau forte plusieurs
maîtres anciens, et il réussit si heureusement
qu'il a presque surpassé le mérite des artistes
qu'il a copiés. On admire autant ces estampes, que celles du Guide, de Rembrandt
et autres. Après s'en être amusé quelque tems,
il les publia sous le titre *d'impostures inno-*
centes. La manière propre de Picart est
très finie, quoique en même tems riche, hardie et pleine d'esprit. Ses ouvrages sont en
général petits et la plus grande partie est faite
d'après des dessins d'autrui. Un des meilleurs, est celui qu'il a fait d'après la belle
composition du Poussin, dans laquelle *le tems*
délivre la vérité de l'envie.

Arthur Pont nôtre compatriote, suivit
avec succès cette méthode d'imitation. il a
livré dans ce genre plusieurs eaux fortes de
mérite. On remarque particulièrement deux
paysages ovales d'après Salvator, un singe
en crayon rouge d'après Carrache, deux ou

trois ruines d'après Panini, et quelques autres estampes également bonnes.

Mais personne n'a pratiqué cette méthode
d'imitation avec plus de succès que le *Comte
de* Caylus, gentilhomme français, dont l'œuvre
en ce genre est très volumineux. Il a parcouru
le cabinet du Roi de France, et a laissé à peine
un maître de quelque réputation, sans nous
donner une idée précise de son dessin. Tellement que s'il ne restait rien de ces maîtres que
les ouvrages du *Comte de* Caylus, nous en
aurions encore une idée suffisante. Son génie
était si flexible, qu'il présente avec la même facilité un élégant contour d'après Raphael,
une esquisse rude d'après Rembrandt, et un
portrait délicat d'après Van Dyke.

Le Clerc était excellent graveur, mais particulièrement en miniature. Il a immortalisé
Alexandre et Louis XIV dans des planches
de quatre à cinq pouces de longueur. Son génie a rarement excédé ces dimensions, dans
lesquels il peut avec beaucoup d'adresse faire
tenir vingt mille personnes. Aucun artiste excepté Callot et La Belle n'a mis autant
d'esprit dans la touche d'une petite figure; il
paraît avoir imité la manière de Callot; mais
ses tailles n'en ont ni la fermeté ni le talent.

Il y a de la liberté dans les eaux fortes de PIERRE BARTOLI, quoique sa manière ne soit pas agréable. Son ouvrage capital est la gallerie de LANFRANC.

JACQUES FREY est un graveur admirable. Il réunit dans un grand degré la force à la douceur, et la couleur de son burin approche autant qu'il est possible du pinceau. Ses estampes rendent, avec la plus grande vérité, les ouvrages de différens maîtres fameux, elles conservent le dessin et l'expression des originaux, et même l'effet de ses estampes est quelquefois supérieur à celui des tableaux qu'il a copiés. On voit toute la richesse de sa manière dans une belle estampe d'après C. MARATTE intitulée, *in conspectu angelorum psallam tibi.*

R. VAN AUDEN AERD a gravé d'après C. MARATTE et différens autres maîtres. Son style quoique inférieur à celui de JAC. FREY (dont il n'a pas atteint la richesse) a cependant de l'élégance. Son dessin est bon, sa manière est nette et finie, mais elle manque d'effet, et sa lumière est éparpillée.

S. GRIBELIN a suppleé le manque de génie par beaucoup de travail et de soin; mais son exactitude est pénible. Ses ouvrages sont,

la plûpart, de petit format. Les principaux
sont ses copies de la salle de festin à White-
hall, et des cartons. Quoique sa manière ait
de la roideur, il est cependant parvenu à conserver l'esprit de ses originaux: je ne connais
aucune copie des cartons qui vaille la sienne.
Il est dommage qu'il ne les ait pas gravés sur
une plus grande échelle.

Le Bas s'est servi de la pointe avec netteté et liberté, et s'est acquis beaucoup d'honneur
en gravant les ouvrages de Teniers, de Wouwermens et de Berghem. Ses meilleurs
ouvrages sont d'après Berghem.

Les eaux fortes de Bischop sont très agréables; elles sont touchées avec liberté et même
un peu d'abandon, cependant son exécution
est riche et vigoureuse. Ses statues sont la
plûpart de bonnes figures, le dessin en est parfois incorrect; mais l'exécution en est toujours
belle. Plusieurs des planches de son livre de
dessin ont du mérite. Le plus grand de ses
ouvrages détachés représente Joseph *en Egypte,*
où l'on remarque plusieurs défauts dans le dessin et dans l'effet. Quelques-uns de ces défauts lui appartiennent, et les autres appartiennent à l'artiste qu'il a copié; mais en tout
l'estampe est agréable.

FRANÇOIS PERIER était fils d'un orfèvre de Franche-Comté. Ses sottises l'ayant forcé de quitter la maison paternelle, son inclination le conduisit en Italie. Il se servit d'une manière bizarre pour voyager, s'étant joint à un mendiant aveugle, il recevait pour le conduire la moitié de ses aumônes. Arrivé à Rome il s'appliqua à la peinture, et y fit plus de progrès qu'on n'aurait dû l'attendre d'un genre de vie aussi dissipé. Il publia à l'eau forte une grande collection de statues et de bas-reliefs antiques. Le dessin en est souvent incorrect, mais l'exécution en est toujours savante et spirituelle. On reconnait de la précipitation dans quelques-unes; mais toutes portent l'empreinte du génie.

MAROT architecte du Roi GUILLAUME, a gravé à l'eau forte quelques statues. Sa manière est bonne et tous ses ouvrages sont bien exécutés. Il consistent principalement en ornemens du genre de sa profession.

FRAN. ROETTIERS a mis dans ses eaux fortes de la hardiesse et beaucoup d'esprit; mais les contours en sont durs, défaut que la bonté de son dessin empêche d'être choquant. Peu d'artistes ont su, mieux que lui, rendre une foule, et lui donner de l'effet par une bonne distribution de lumière. Deux de ses estampes capitales, *l'exaltation de la croix* et le *crucifiement,* en offrent plusieurs exemples heureux.

Nicolas Dorigny fut dabord avocat; mais n'ayant pas eu de succès au barreau, il l'abandonna pour la peinture, qu'il quitta ensuite pour la gravure. Son ouvrage capital est la *transfiguration,* que Mr. Addisson regarde comme la plus belle estampe qui existe. C'est sans doute un bel ouvrage, aussi Dorigny paraît y avoir épuisé son génie, puisque rien de ce qu'il a fait depuis n'est digne d'être remarqué. Ses cartons sont mauvais; il les exécuta dans un âge déjà avancé, et fut obligé de se faire aider par des gens qui ne répondirent pas à son attente.

On ne comprend pas trop comment l'auteur a pu omettre *Gerard* Audran en parlant des maîtres en histoire. Comme aucun graveur dans ce genre, soit avant, soit après lui, loin de le surpasser ne l'a pas même égalé; nous croyons faire plaisir à nos lecteurs en suppléant à cet oubli.

De six graveurs qui ont porté le nom d'Audran, aucun ne l'a rendu célèbre autant que Gerard, qui naquît à Lyon en 1640. Il apprit de son père Claude Gerard à dessiner, et se perfectionna auprès de Le Brun : il fut ensuite à Rome où il passa trois années dans une étude très active. De retour à Paris, Le Brun l'employa à graver sur

F

un grand format ses batailles d'Alexandre: tout le monde connait le mérite de ces estampes. Le dessin de ce maître est au-dessus de tout éloge, lors même que celui des originaux qu'il copiait avait quelques incorrections, elles disparaissaient dans ses estampes, ce qui se remarque surtout dans celles qu'il a gravées d'après Le Brun. Il peignait plutôt qu'il ne gravait avec la pointe et le burin. D'autres graveurs ont eu plus de couleur qu'Audran; mais cette qualité, indispensable pour rendre l'école vénitienne ou l'école flamande, l'est moins pour rendre l'école romaine, dont il s'est presqu'uniquement occupé. Avec un beau maniement du burin, il a presque toujours sacrifié le métier à l'art; la science qu'il a mise dans la disposition de ses travaux, l'intelligence dans la direction de ses tailles, qu'il interrompt brusquement, toutes les fois que le caractère des objets l'éxige, la facilité, la fermeté et le pittoresque de son burin et de sa pointe, lui ont mérité le nom de prince de la gravure en histoire, et jusqu'ici personne ne peut avec justice lui disputer ce titre. Ses ouvrages principaux, sont les batailles d'Alexandre d'après Le Brun, le Pyrrhus Sauvé d'après le Poussin, le martyre de Ste. Agnès d'après le Dominiquin etc. *Note du trad.*

MAITRES EN PORTRAITS.

Parmi les maîtres en portraits, REMBRANDT
tient sans contredit la première place. Ses
têtes sont des copies admirables de la nature,
et peut être les meilleurs de ses ouvrages:
on y trouve beaucoup d'expression et de caractère.

VAN-ULIET a imité la manière de REM-
BRANDT, qu'il a même surpassé en certaines
choses. Quelques-unes de ses têtes sont de
la plus grande beauté; la vigueur qu'il a
donnée à chaque trait, la rondeur des muscles,
l'esprit de l'exécution, la force des caractères
et l'effet de l'ensemble; tout en est admirable.

J. LIEVENS s'est servi de l'eau forte dans
le même style; ses têtes sont exécutées avec
beaucoup d'esprit, et quoique inférieures à
celles de VAN-ULIET, elles méritent une place
dans une collection de gravures. ULIET et
LIEVENS ont gravé à l'eau forte quelques
pièces historiques; particulièrement ce dernier
dont le *Lazare,* d'après REMBRANDT, est une
belle estampe; mais leurs portraits sont leurs
meilleurs ouvrages.

F 2

Entre les imitateurs de REMBRANDT, nous ne devons pas oublier nôtre compatriote WORDLIGE, qui a suivi avec intelligence la manière de ce maître, et l'a même quelquefois surpassé. Personne n'a, mieux que lui, entendu le dessin d'une tête. Ses petites gravures d'après des pierres antiques, sont nettes et touchées de main de maître.

Plusieurs des eaux fortes de VAN-DICK lui font beaucoup d'honneur. Elles appartiennent particulièrement à une collection de portraits d'artistes fameux, qu'il faisait graver par spéculation. Il y a de la négligence dans la manière, mais toutes ces têtes portent le cachet d'un maître : celle de LUC VOSTERMAN est une des meilleures. Il est probable que VAN-DICK a fait le dessin de la plus grande partie; car on retrouve dans toutes sa manière d'une façon marquée. Une eau forte très finie d'un *Ecce homo,* passe sous le nom de ce maître; mais elle ne répond pas à ce qu'on aurait dû attendre de VAN-DICK.

On a quelques estampes de *Sir* PETER LELY, également à l'eau forte; mais on n'y trouve rien de véritablement intéressant.

R. WHITE était le principal graveur de portraits, sous le règne de CHARLES second;

mais ses ouvrages n'ont aucun mérite. On les dit très ressemblans, cela peut être; mais ce n'en est pas moins de pitoyables gravures : il a travaillé au burin.

Les noms de Beket et Simon méritent á peine d'être connus. Ils avaient dans leur tems de la réputation comme graveurs en manière noire; mais ils ne la devaient qu'à ce qu'il n'en existait pas d'autres.

White le graveur en manière noire, artiste d'un grand mérite, était fils du graveur au burin du même nom. Il grava d'après *Sir* Godefroi Kneller, qu'il tourmenta tellement par ses essais, que l'on assure que *Sir* Godefroi lui défendit sa maison. Ses ouvrages en manière noire sont très beaux: Baptiste, Wing, Sturges, et Hooper sont des estampes admirables. Il avait coutume de dire lui-même, que les Parr vieux et jeune étaient les meilleurs portraits qu'il eut gravés. Sa manière, qui a depuis été adoptée par d'autres maîtres, lui est restée particulière pendant tout le tems qu'il a gravé. Il est le premier qui ait gravé sa planche à l'eau forte avant de la travailler en manière noire; c'est pourquoi ses estampes conservent jusqu'à la fin un esprit qu'ont peu de gravures de ce genre.

Smith était élève de Becket; mais il surpassa de beaucoup son maître. Quoique peut-être inférieur à White, il passait pour le meilleur graveur en manière noire de son tems. Il a laissé un œuvre de portraits, très nombreux, si nombreux même, qu'il forme deux gros infolio. Il a principalement travaillé d'après Sir Godefroi, dans la maison duquel on dit qu'il avait un appartement. Lord Somers était si prévenu pour les ouvrages de ce maître, qu'il voyageait rarement sans les avoir avec lui dans sa voiture. Quelques-unes de ses meilleures estampes sont deux saintes familles, Antoine Leigh, Marie Magdeleine, Scalken, Lady Elisabeth Cromwell en demi-grandeur, le Duc de Schomberg à cheval, la Comtesse de Salisbury, le statuaire Gibbon et une pièce de fauconerie d'après Wike. Il faut pourtant convenir que ses meilleures estampes en manière noire, sont inférieures à celles qu'exécutent les maîtres d'à présent.

Les portraits de Mellan sont ceux de ses ouvrages qui ont le moins de mérite; ils manquent de force, d'esprit et d'effet.

J. M. Pitteri a publié dernièrement * une

___
* Vers l'année 1750. *Note du trad.*

suite de têtes d'après P$_I$AzzetA, dans le style de
M$_{ELLAN}$; mais d'un goût plus délicat quant
à la composition et à la manière.   Quoique
de même que M$_{ELLAN}$ il ne croise pas ses
traits, il a réussi cependant à donner à ses
têtes plus de force et d'esprit.

Les têtes de J. M$_{ORIN}$ sont gravées d'une
manière tout-à-fait particulière; elles sont
pointillées au burin, en imitation de la manière
noire, et produisent un bon effet.   Elles ont
de la force et en même tems de la douceur:
peu de portraits sont meilleurs en général.
G$_{UIDO}$ B$_{ENTIVOLIUS}$ d'après V$_{AN}$-D$_{ICK}$ est
une de ses meilleures estampes.

J. L$_{UTMA}$ a gravé, dans le même genre
que M$_{ORIN}$, des têtes qu'il a travaillées au ci-
seau et au marteau.   Quoiqu'elles soient inférieures à celles de M$_{ORIN}$, elles ne sont pas
sans mérite.

E$_{DM}$. M$_{ARMION}$ a gravé à l'eau forte quelques portraits, dans la manière de V$_{AN}$-D$_{ICK}$,
et probablement d'après lui: on y trouve de
la facilité et de la liberté.   Il n'a mis son nom
qu'à une seule de ses estampes.

W$_{OLFANG}$ a gravé d'un burin délicat et
moelleux, en même tems que très spirituel;
mais ses ouvrages son rares.   Je fais ces re-

marques d'après une tête de HUET Evêque
d'Avranches, qui est la seule des estampes de
ce maître que j'aie vue.

Les portraits de DREVET * ont de la netteté
et de l'élégance, mais ils sont surchargés de
travaux: ils sont gravés d'après RIGAUD autre
maître français. Ses draperies sont libres et
légères, ce qui contraste avec les idées simples
d'un goût chaste et vrai. DREVET a surtout
excellé à rendre d'après RIGAUD les différentes
parties de la toilette, telles que dentelles,
soyeries, fourures, velours et autres ornemens.

RICHARDSON a laissé différentes têtes à
l'eau forte, qu'il a gravées pour Mr. POPE et
quelques autres amis. Il y a peu de travail;
mais on y reconnait l'esprit d'un maître. Le
meilleur de ses ouvrages est le profil de Mr.
POPE.

VERTUE était bon antiquaire et homme de
mérite; mais il n'était pas artiste. Il a travaillé avec une exactitude pénible, et d'une
manière sèche, désagréable, sans force et sans
liberté. Dans toute sa collection de têtes, à

---

* C'est apparemment du fils dont Mr. Gilpin veut parler ici.
DREVET le père a aussi gravé en portrait; mais il fut surpassé par son fils, quoiqu'il eut lui-même un talent distingué.   *Note du trad.*

peine en trouve-t-on une demi-douzaine de bonnes.

On compte F ABRE comme artiste en manière noire. Il n'a rien publié d'extrêmement mauvais, et cependant rien de digne d'entrer dans une collection. *Mistriss* C OLLIER est une de ses meilleures estampes, et a quelque mérite. Elle est appuyée contre une colonne, sur la base de laquelle il a gravé l'histoire de la pomme d'or.

H OUBRAKEN, artiste plein de génie, a donné dans sa collection des grands hommes d'Angleterre, quelques pièces au burin, au moins égales à tout ce qui a paru dans ce genre; telles sont ses têtes de H AMBDEN, S CHOMBERG, le Comte de B ETFORT, le Duc de R ICHEMOND particulièrement, et quelques autres. En même tems il faut convenir qu'il a mêlé parmi ses ouvrages beaucoup de mauvaises estampes. On trouve dans ses meilleures gravures, une union étonnante de douceur et de liberté, et une ligne plus moelleuse et plus élégante qu'aucun artiste en ait jamais employée.

Nôtre compatriote F RY a laissé quelques belles têtes gravées en manière noire. Elles sont toutes dessinées d'après nature avec beaucoup d'intelligence et de douceur; mais elles manquent de force. La manière noire ne convient pas à des ouvrages aussi grands que ceux qu'il a publiés.

MAÎTRES EN ANIMAUX.

Doué d'un génie vraiment pastoral, Berghem a représenté les scènes les plus agréables de la vie rurale. On ne rencontre nulle part la simplicité des mœurs d'Arcadie, aussi bien décrite que dans ses ouvrages. L'œuvre gravé d'après ses dessins, qui est le fruit du travail de différens maîtres, est très considérable. Les estampes qu'il a gravées lui-même à l'eau forte, sont legères de travail, mais savantes: l'exécution en est inimitable. Les troupeaux qui font la partie essentielle de ses ouvrages, sont bien dessinés, encore mieux caractérisés et généralement bien groupés. Peu de peintres ont surpassé Berghem en composition; mais cette qualité se remarque plutôt dans les estampes que d'autres maîtres ont gravées d'après ses dessins, que dans celles qu'il a gravées lui-même. Parmi ses propres eaux fortes, quelques petites planches de brebis et de chèvres sont extrêmement estimées.

J. Visscher ne paraît jamais avec plus d'avantage que lorsqu'il copie Berghem; la pureté de son dessin et la liberté de son exécution, donnent un grand prix à ses estampes, qui ont plutôt l'air d'originaux que de copies. Il était maître de son burin comme de sa pointe, et il savait employer la force et la fermeté, sans détruire la liberté et l'esprit. On pourrait dire qu'il a réussi dans toutes les parties, s'il n'avait pas manqué dans la distribution de la lumière. Il est plus que probable qu'il n'avait pas fait attention à son effet dans plusieurs des tableaux qu'il a copiés.

DANKER DANKERTS est aussi un excellent copiste de BERGHEM. Tout ce qui vient d'être dit de VISSCHER peut lui convenir également, peut-être même d'une manière encore plus forte. Comme VISSCHER, il a manqué aussi dans le ménagement de la lumière.

HONDIUS naquît à Rotterdam, et passa la plus grande partie de sa vie en Angleterre. Il s'occupa particulièrement à peindre des animaux. Sa manière était libre, son expression forte, son burin net et très intelligent; mais son dessin était incorrect, son coloris extravagant, et il ignorait l'art du clair-obscur. Ses gravures sont par conséquent meilleures que ses peintures; puisqu'elles en possèdent les qualités essentielles, et n'ont que peu de leurs défauts. On trouve dans ses estampes des exemples vigoureux d'animaux furieux. *La chasse de loups* est une estampe admirable.

Du Jardin connaissait l'anatomie des animaux domestiques, peut-être mieux qu'aucun autre maître. Son dessin est correct et cependant il y a conservé de la liberté; il a copié la nature strictement, mais non pas servilement, et il a donné à chaque animal, non seulement la forme, mais aussi le caractère qui lui est propre. Cet artiste n'a jamais, comme Hondius, animé ses productions par la violence ou la furie sauvage des animaux; son talent avait pris une tournure plus douce; tout y est tranquilité et repos. Ses chiens sont représentés étendus à leur aise après leur exercice; et l'on trouve dans presque tous ses ouvrages la langueur que produit le soleil de midi. Son exécution est belle, et quoique sa pointe soit précieuse, elle ne manque pas d'esprit. Ses ouvrages réunis forment un volume d'à peu près cinquante feuilles, parmi lesquelles on aurait de la peine à trouver une mauvaise estampe.

Les chasses de Rubens sont sans contredit supérieures à tout ce que nous avons dans ce genre; il y a plus d'invention, et un plus grand style de composition qu'on n'en trouve

partout ailleurs. Je classe ces estampes sous
son nom; parceque ayant été gravées par *différens* maîtres, il n'y a que ce moyen de les
réunir. Toutes sont de pitoyables gravures, et
représentent les tableaux dont elles sont co-
piées, comme l'ombre représente le corps qui
la projette : on y trouve quelque chose de la
forme, mais pas au delà. On peut être sûr
que la gaucherie, la mal-propreté et les caractères grotesques qui paraissent dans chaque
gravure; sont dans l'original de hardis rac-
courcis, de grands effets de lumière et de beaux
modèles d'expression. Mais il est aussi difficile de copier les écarts de RUBENS, que de
traduire ceux de PINDARE, l'esprit de ces
maîtres disparaît dans le procédé.

Les compositions de WOUWERMAN sont
en général surchargées de petits ornemens.
Son jugement n'était pas assez chaste pour lui
en faire corriger l'excès, et lui faire préférer
une noble simplicité, qu'on ne rencontre jamais dans ses ouvrages. WISSCHER est le
premier qui grava d'après cet artiste; il choisit
un dessin passable et l'exécuta habilement.
MOYREAU entreprit peu après la même chose,
et publia d'après lui une grande collection
d'estampes qui sont d'un travail plus précieux

que spirituel. Elles représentent une grande variété de scènes amusantes ; des cavalcades, des marches, des chasses et des campemens.

Rosa De Tivoli a gravé à l'eau forte d'une manière extrêmement précieuse. Son exécution et sa composition sont parfaites, et sa lumière est distribuée avec beaucoup d'intelligence. Ses compositions sont toutes dans le genre pastoral, auquel il a souvent mêlé le genre héroïque, ce qui produit un effet très agréable. Ses estampes sont rares, et n'ont pas besoin de cette qualité pour être estimables.

Etienne De La Belle peut bien être compté parmi les maîtres en animaux, quoique peu de ses ouvrages dans ce genre aient d'autre mérite que l'élégance de l'exécution. En général, ses animaux ne sont ni bien tournés ni bien caractérisés. Les meilleures estampes qu'il ait gravées dans ce genre, sont quelques têtes de chameaux et de dromadaires.

Antoine Tempeste a gravé à l'eau forte quelques planches de chevaux seuls, ainsi que quelques chasses. Ses animaux ont beaucoup d'expression ; mais en général la composition de ses gravures est mauvaise, et l'on ne trouve dans aucune le moindre effet de lumière.

J. Fyt a gravé à l'eau forte quelques animaux, dans lesquels on découvre du dessin et quelquefois la force et l'esprit de ses peintures. Je n'ai jamais vu que deux ou trois estampes de ce maître.

Dans les collections de curieux, on trouve quelques eaux fortes de Cuyp. Les peintures de ce maître réunissent dans un haut degré de perfection le coloris, la composition, le dessin et l'expression : ses gravures ont toutes ces qualités excepté la première.

Pierre de Laer a laissé quelques petites estampes de chevaux et d'autres animaux bien caractérisés, et qui sont exécutées d'une pointe très hardie. La plûpart de ses estampes ne contiennent que des figures seules; mais quand il compose, il y réussit généralement, et sa distribution de lumière, rarement très mauvaise, est souvent très agréable. Son dessin est communément bon.

Pierre Stoop quitta Lisbonne avec la Reine Catherine qu'il suivit en Angleterre, où il fut admiré jusqu'à ce que le mérite supérieur de Wick l'eut éclipsé. Il a gravé à l'eau forte un livre de chevaux qui est très estimé; parce que en général on y trouve de la justesse dans le dessin, de la nature dans les caractères et de l'esprit dans l'exécution.

Les lions de REMBRANDT, gravés à l'eau forte dans son style accoutumé, sont dignes de l'attention des connaisseurs.

Les lions de BLOTELING sont extrêmement finis, mais avec plus de netteté que d'esprit.

PAUL POTTER a gravé quelques planches de vaches et de chevaux d'une pointe savante. Son exécution est meilleure que son dessin, qui manque de justesse, surtout dans ses brebis qui n'ont aucun caractère.

BARLOW a gravé beaucoup d'estampes à l'eau forte. L'explication d'Esope est son plus grand ouvrage. La composition et la manière de ce maître ont quelque chose d'aimable, quoique ni l'une ni l'autre ne soient excellentes. Son dessin n'a également rien qui le distingue, et aucun de ses animaux n'a le caractère qui leur convient. En général, ses oiseaux valent mieux que ses animaux.

FLAMEN a gravé à l'eau forte quelques planches d'oiseaux et de poissons; les premiers sont mauvais, et les poissons meilleurs que tout ce que nous avons dans ce genre.

Je finirai ce résumé par RIDINGER un des plus grands maîtres dans le genre des animaux. Cet artiste en a marqué les caractères, ceux surtout de l'espèce la plus sauvage, avec une

G

si grande expression, qu'on peut considérer
ses ouvrages comme une histoire naturelle. Il
nous transporte dans le fond des forêts parmi
les ours et les tigres, et il décrit avec toute
l'exactitude d'un naturaliste leurs formes, leurs
repaires et leurs manières de vivre. Ses compositions sont généralement belles, et produisent presque toujours un ensemble agréable.
Ses paysages sont pittoresques et romantiques,
surtout bien adaptés aux sujets qu'il traite; mais
rarement ses figures ont de la grâce, ses chevaux sont mal caractérisés et plus mal tournés,
son dessin même est en général mal-propre.
Les estampes de ce maître sont souvent la représentation d'histoires réelles, et les portraits
d'animaux particuliers pris à la chasse. Quelquefois l'histoire de la chasse est écrite en
allemand au bas de la gravure; et l'idée d'une
vérité historique, qui ajoute à l'intérêt, nous
fait examiner avec un nouveau plaisir l'animal
qui pendant neuf heures de suite, a fait l'amusement d'un prince allemand. L'œuvre de
RIDINGER est très considérable, et la plus
grande partie en est bonne. Ses chasses en
général, et différentes façons de prendre des
animaux, sont les moins pittoresques de ses
ouvrages; mais lui-même les regardait plutôt

comme gravures didactiques, que comme peintures. Plusieurs de ses fables sont très belles,
particulièrement les 3e, 7e, 8e et 10e. Je ne
puis pas m'empêcher d'ajouter un éloge particulier d'un livre de têtes de loups et de re-
nards. Ses estampes capitales sont deux grandes pièces, l'une représente un ours qui
dévore un daim, et l'autre des sangliers reposans dans une forêt.

MAITRES EN PAYSAGE.

Les paysages de SADLER ont quelque mérite en composition, et sont pittoresques et romantiques; mais l'exécution en est sèche et désagréable, la lumière mal distribuée, les lointains mal dégradés et les figures mauvaises. Il y a trois graveurs de ce nom, mais aucun d'un mérite éminent: JEAN a gravé une suite de planches pour la bible, et quelques autres petites estampes dans le genre historique; on y trouve quelquefois des figures gracieuses et un dessin tolérable; mais au fond jamais un vrai mérite: GILES a gravé des paysages, et c'est celui dont il est question ici: RAPHAEL a principalement copié les dessins du BASSAN, et a gravé du même burin sec et désagréable de ses frères.

Les paysages de REMBRANDT ont peu de choses recommandables hors leur effet qui souvent est surprenant. Un des plus admirés est connu sous le nom des *trois arbres*.

GASPAR POUSSIN * a gravé à l'eau forte

* Son véritable nom est DUGHET. Son alliance avec le fa-

quelques paysages, d'une pointe légére et savante: il est dommage que nous n'ayons pas
davantage de ses ouvrages.

La composition d'ABRAHAM BLOEMART est
aussi belle dans ses paysages que dans ses tableaux
d'histoire; mais ses gravures ont peu de force,
par le défaut d'une bonne distribution de lumière: son exécution manque de liberté.

HOLLAR était né à Prague, et suivit en Angleterre le comte d'ARONDEL, ce grand protecteur des arts du tems de CHARLES 1er. Cet
artiste avait beaucoup de mérite, et dans plusieurs genres; mais je le place ici, parce que
ses principaux ouvrages sont des vues de différens endroits, qu'il a dessinés avec beaucoup
de vérité. Si une *exacte représentation* suffit
pour satisfaire, on ne l'a nulle part dans une
plus grande perfection que dans les ouvrages
de HOLLAR; mais il ne faut pas s'attendre
à trouver des peintures. Ses *grandes vues*
sont mauvaises en général, je pourrais même
dire tous ses *grands ouvrages.* Son embar-
quement, sa matrone d'Ephèse, son Virgile et

meux NICOLAS POUSSIN, qui épousa sa sœur, lui fit donner le surnom de Poussin, sous lequel il est aussi connu.
Note du trad.

son Juvenal sont du nombre de ses plus mauvaises estampes. Il paraît qu'il a souvent travaillé avec précipitation, surtout dans ce qu'il
a fait pour les libraires. Ses petits ouvrages
sont la plûpart bons; on trouve parmi ceux-ci
quelques vues de châteaux, prises sur le Rhin
et sur le Danube, ainsi que quelques vues
d'Angleterre. Ses lointains, en général, sont
agréables; mais il y a beaucoup de défauts
dans ses terrasses, qu'il a probablement dessinées exactement comme il les a trouvées dans
la nature. Une vue très belle est celle du
pont de Londres et des parties adjacentes,
prise d'auprès de l'hotel de Somerset. On a de
HOLLAR quelques planches d'animaux qui sont
bonnes, particulièrement deux ou trois petites
planches d'oiseaux domestiques, canards sau-
vages, bécasses et autre gibier. Parmi ces
gravures de gibier on en remarque surtout une
d'un fini précieux, dans laquelle un lièvre est
pendu à un panier d'oiseaux. Il a excellé à
rendre les pelleteries, les coquillages et les
papillons. Sa pointe est loin de manquer de
liberté, et ses imitations, surtout celles d'après
le comte GAUDE, CALLOT et BARLOW sont
excellentes, la manière de ces maîtres y est
parfaitement exprimée. Ses *mendiants* imités

de CALLOT ont tout l'esprit de l'original dans une dimension réduite. On recherche surtout HOLLAR comme antiquaire, et l'on considère ses ouvrages comme un recueil de curiosités et un repertoire d'anciennes parures, de cérémonies abolies et d'édifices actuellement en ruine. Cependant quelques-unes de ces antiquités sont touchées avec élégance, et les ornemens gothiques de ses cathédrales sont de main de maître. L'épée d'EDOUARD VI, la coupe d'ANDRE MONTEGNE et les vases d'après HOLBEIN sont tous très beaux. Je me suis beaucoup étendu sur cet artiste, parce qu'il est très estimé, et que j'ai eu occasion d'examiner deux collections de ses ouvrages, les plus complettes je crois, qui soient en Angleterre. L'une dans la bibliothèque du Roi rassemblée, comme je l'ai entendu dire, par le Roi GUILLAUME, l'autre dans celle de feue la Duchesse douairière de PORTLAND. Quoique ces collections soient très considérables, (autant que je me rappelle, elles forment chacune deux grands volumes in folio) aucune d'elles cependant n'est complette; il y a dans chacune quelques gravures qui ne se trouvent pas dans l'autre. Quoique HOLLAR fut infatigable et protégé par plusieurs personnes de haut rang, il était si pauvre, qu'il mourut ayant une exécution dans sa maison.

ETIENNE DE LA BELLE a gravé des paysages qui n'ont de recommandable que leur netteté et une dégradation bien observée. Ses compositions sont rarement bonnes, et son feuillé ressemble aux pointes d'une éponge. Je parle particulièrement de ses grands ouvrages, pour lesquels sa manière ne convient pas: son précieux est plus du genre de la miniature.

Les paysages de BOLSWERT, d'après RUBENS, sont exécutés dans un grand style. La réunion d'un tel peintre et d'un tel graveur ne pouvait manquer de produire quelque chose de grand. Ce n'est pas la variété, ni aucunes de ces petites beautés, fruit des contrastes de lumières brillantes, ni de pareils petits agrémens, qu'on doit rechercher dans les ouvrages de ce maître; mais de la simplicité et de la grandeur. On admire particulièrement, et avec raison, son estampe appellée le *Chariot.* On trouve généralement de bonnes épreuves de ses gravures, parce que les planches en étaient gravées avec force.

NEULANT a gravé un petit livre de ruines romaines, dans lesquelles on trouve de la simplicité et quelque connaissance de composition et de clair-obscur; mais elles sont exécutées d'une pointe dure et désagréable.

On a quelques paysages d'un Comte de *Sunderland,* dont la manière est élégante et libre jusqu'à l'abandon. Une de ces estampes, dans laquelle un espagnol est debout sur le devant du tableau, est marquée G et J. *sculpserunt:* une autre l'est J. G.

Waterlo l'emporte assurément sur tous les autres maîtres en paysage. Ses sujets sont parfaitement dans le genre rural, et la simplicité forme leur caractère dominant. On n'y trouve ni jeux d'imagination, ni beaucoup de variété. Un taillis, un coin de forêt, un chemin tournant ou un village écarté sont ses points de vue ordinaires; il n'y a jamais placé d'escarpemens. En général ses compositions sont bonnes, et le plus souvent il a distribué sa lumière avec intelligence; cependant son mérite principal est l'exécution, dans laquelle il est maître consommé. Chaque objet y porte le caractère de la nature, et son feuillé surtout, est d'un esprit inimitable. Il est difficile de se procurer les grands ouvrages de ce maître, au moins dans une certaine perfection. Les planches originales ayant été retouchées, ont beaucoup perdu par cette opération.

SWANEVELT a peint à Rome des paysages
qui lui ont valu le nom de *l'hermite,* à cause
de ses promenades solitaires parmi les ruines
de Tivoli et de Frescati, dans les vallées pleines
de rochers de la sabine, et sur les beaux lacs
boisés des montagnes du pays latin. Il a suivi
la manière de WATERLO; mais son exécution
a moins de liberté, et ses arbres ne sup-
portent pas la comparaison avec ceux de ce
maître. Cependant s'il le cède à WATERLO
dans la liberté d'exécution, il le laisse beaucoup derrière lui dans la dignité du dessin.
Si l'on en excepte deux ou trois de ses ouvrages, WATERLO a vu la nature avec un œil
hollandais, et n'a jamais dépassé la simplicité
pauvre d'un paysage des environs d'Amsterdam;
mais SWANEVELT avait des idées plus élevées.
Formé sur la terre classique, il échauffa son imagination par la grandeur et la variété des vues
d'Italie, dont chacune est ornée de ruines splen-
dides d'architecture romaine; ses sujets favoris paraissent avoir été les forêts montueuses,
où les plus beaux arbres ajoutent encore à la
magnificence de la disposition du fond et des
rochers. Les compositions de ce maître sont
bonnes, et sa lumière y est répandue avec intelligence. On peut distinctement reconnaître

deux manières dans son exécution; soit qu'un certain nombre de ses planches ayent été retouchées par une main habile, ou que lui-même ait altéré sa manière dans les différentes périodes de sa vie.

Jacob Rousseau fut disciple de Swanevelt. Il vint en Angleterre à la suite de la révocation de l'édit de Nantes, et y fut protégé par le Duc de Montaigu. Ses peintures, parmi lesquelles il y en a de bonnes, ont contribué à l'ornement du palais de son protecteur. (ce palais est actuellement le *museum anglais.*) Le peu d'eau fortes qu'il a laissées sont très estimées. Il entendait bien la composition et le clair-obscur, et il règne dans tous ses paysages un goût suave. On peut lui reprocher d'avoir un peu trop élevé ses horizons; sa perspective ne peut pas toujours supporter un examen critique, et ce qu'il y a de pire est qu'elle paraît souvent placée avec affectation. Ses figures sont bonnes en elles mêmes et généralement bien placées; mais sa manière a de la roideur et de la sécheresse. On doit ajouter à l'honneur de Rousseau, qu'ayant échappé à la rage de la persécution, et son talent le mettant à l'abri du besoin; il employa la plus grande partie du produit de son génie à soulager ceux de ses compatriotes qui avaient éprouvé le même malheur que lui. On ne doit pas omettre dans la vie d'un peintre une pareille anecdote, même dans un ouvrage aussi abrégé que celui-ci.

Il existe quelques eaux fortes de Ruys-daal; mais je n'en n'ai vu aucune qui ne fut autre chose qu'une légère esquisse.

Lutma a gravé quelques paysages d'une très belle pointe; on y découvre une connaissance de composition et de clair-obscur.

Israel Silvestre a donné une grande quantité de petites estampes (il y en a quelques-unes cependant de grandes dimensions) de vues de ruines, d'églises, ponts et châteaux de France et d'Italie: elles sont très nettes et touchées avec beaucoup d'esprit. Ce maître peut donner de la beauté aux contours mêmes d'une fabrique moderne, et ce qui est plus étonnant, sans sortir de la vérité. Cela va au point, que j'ai vu quelqu'un revenant de ses voyages, reconnaître plusieurs vues de Sil-vestre l'une après l'autre (quoiqu'il ne les eut pas vues auparavant) par la seule ressemblance des fabriques. On peut ajouter à l'avantage de ce maître, que l'ensemble de ses vues est en général agréable. La grande beauté de son exécution empêche qu'on ne s'arrête trop longtems à sa distribution de lumière, qui n'est pas toujours bonne. Son œuvre est considérable, et l'on y trouve peu de mauvaises estampes: il a le moins réussi dans les arbres.

Les eaux fortes de CLAUDE LE LORRAIN sont au-dessous de la réputation de leur auteur. L'exécution en est mauvaise et déplaît par sa mal-propreté; ses arbres sont durs, ses lumières rarement bien massées; ses lointains seulement sont parfois bien observés. Cela prouve que le talent de CLAUDE résidait particulièrement sur sa palette, et que sans elle il avait peu de mérite. Sa *via sacra* est une de ses meilleures estampes; les arbres et les ruines de la gauche en sont bien touchés, et le tout (quoique roide) aurait pu devenir agréable, si la terrasse eut été dans l'ombre. Il est cependant possible que je n'aie pas vu ses meilleures estampes; car j'ai beaucoup entendu vanter un port de mer, pour l'effet d'un soleil couchant; ainsi qu'une autre gravure, dont le milieu est rempli par un grand groupe d'arbres, le devant par de l'eau et des animaux, avec un lointain sur chacun des côtés du groupe d'arbres; mais je ne me rappelle pas avoir vu ces gravures.

L'imagination fertile de PERELLE lui a fourni dans ses vues une richesse et une variété que la nature montre rarement réunies. Il en a même été prodigue, puisque souvent son trop de luxe produit la confusion. Sa manière est à lui, et l'on serait embarrassé de dire ce qu'on y doit le plus admirer de la richesse, de la force, de l'élégance ou de la liberté. Ses arbres sont particulièrement beaux, le feuillé en est libre et les ramifications aisées: cependant il faut convenir que PERELLE est plutôt un maniériste qu'un imitateur de la nature; ses vues sont toutes idéales, et ses arbres tous d'une même famille. Son clair-obscur quoique bien entendu est quelquefois affecté, il a trop plaqué ses lumières, sans les unir aux ombres voisines par des demi-teintes. L'emploi modéré des lumières éclatantes produit souvent de beaux effets; mais PERELLE en a abusé. Ces remarques ont été faites principalement sur les ouvrages du *vieux* PERELLE; car il y a trois graveurs de ce nom, le grand père, le père et le fils; ils ont tous gravé dans le même genre; mais le plus jeune au lieu de perfectionner le goût de la famille, a dégénéré. Le grand père est le meilleur et le fils est le plus mauvais.

Van der Cabel était un graveur peu soigneux; aussi découvre-t-on beaucoup de négligence dans plusieurs de ses ouvrages; mais on trouve de grandes beautés dans ceux qu'il a étudiés et exécutés avec soin, et ses arbres y sont surtout bien ménagés. Sa manière, quoique libre et savante, manque d'effet. En général, ses petites estampes sont les meilleurs de ses ouvrages.

On trouve dans Weirotter une grande netteté et un fini précieux, mais souvent aux dépens de l'esprit et de l'effet. Il paraît avoir bien entendu le traitement des arbres, auxquels il a toujours donné un beau désordre. Un petit clair de lune de ce maître est d'un grand effet, tout y est dans une ombre forte, excepté trois figures sur le devant.

Overbeck a gravé à l'eau forte un livre de ruines romaines, qui en général sont bonnes. Elles sont passablement grandes et d'un fini précieux. Sa pointe est libre, son clair-obscur bien entendu et sa composition agréable.

Les paysages de Genoel sont plutôt de légères esquisses que des gravures finies, et sous ce point de vue elles ont du mérite. On n'y trouve aucun effet; mais la liberté de la touche en est agréable. Ses compositions, quoique souvent surchargées, sont générale-ment bonnes.

Le goût de BOTH est élégant, ses idées sont grandes, sa composition est belle et son exécution riche et savante dans un haut degré. Si sa lumière n'est pas toujours bien distribuée, ses figures sont toujours excellentes. On re-grette de n'avoir pas davantage de ses ouvra-ges, qui certainement peuvent être comptés au nombre des meilleurs paysages que l'on ait.

L'œuvre de MARC RICCI est nombreux, mais a peu de mérite. Les personnages de ses paysages sont cependant bons et les arbres en sont tolérables; mais on n'y trouve aucun effet, sa manière est désagréable, ses animaux mal tournés et ses lointains mal observés.

Les paysages de LE VEAU sont d'un fini précieux; le burin en est moelleux, élégant et spirituel. Ce maître a particulièrement bien entendu la dégradation des objets, il a bien choisi ses sujets, et ses estampes ont une belle apparence.

ZUINGG a gravé d'un burin très semblable à celui de LE VEAU, mais moins élégant.

ZEEMAN était hollandais; il a surtout ex-cellé dans la peintures des côtes de la mer et

des lointains, qu'il a communément ornés d'esquifs et de bateaux de pêcheurs. Ses estampes qu'il a gravées d'après ses tableaux, sont
d'une exécution nette; les lointains en sont
bien ménagés, les figures en sont bonnes et
les esquifs admirables; mais il n'entendait rien
au clair-obscur. Il a placé dans ses *marines*
de grands vaisseaux : les estampes qu'il a
gravées dans ce style sont la plûpart mauvaises.

Van Diest a laissé quelques esquisses qui
sont exécutées avec beaucoup de liberté.

Goupy a saisi heureusement la manière
de Salvator, qu'il surpasse même dans certaines parties. Il y a, par exemple, une richesse
dans son exécution, et dans ses arbres un esprit qu'on ne trouve pas dans Salvator.
Ses figures sont mauvaises, non seulement par
le manque de délicatesse dans les contours,
mais par le dessin même; ce qui se remarque
surtout dans son estampe de Porsenna, et
dans celle de Diane. Il a particulièrement
réussi dans le paysage. Les meilleures de ses
gravures sont sous les titres des *voleurs,* des
Augures, Tobie, Agar et ses compagnons.

Piranese a laissé une collection d'antiquités romaines plus considérable qu'aucun autre
maître, et il a ajouté à ces ruines une grande

H

variété de fabriques modernes. Les critiques prétendent qu'il s'est beaucoup trop fié à ses yeux, et que ses proportions et sa perspective sont souvent fautives. Il paraît qu'il avait un génie rapide: l'on dit même que les dessins qu'il faisait sur la place étaient à peine des ébauches, et qu'il travaillait le reste de mémoire et d'invention. L'on ne peut guère attendre de l'exactitude d'un artiste qui a tant et si promptement travaillé: son œuvre complet coute au moins cinquante livres sterlings. Le grand mérite de cet artiste est son exécution, dans laquelle il est maître consommé. Son trait est ferme, libre et hardi au plus haut degré, et sa manière est admirablement calculée pour produire un effet grand et riche; mais cet effet ne se voit dans son entier que dans les objets isolés qu'il a gravés. Il a surtout représenté avec beaucoup de douceur et d'intelligence des objets tels qu'un chapiteau, une muraille ruinée, ou une colonne brisée; il a également bien réussi à rendre les taches que le marbre reçoit du tems et de l'humidité, et les meilleures de ses gravures sont celles où il a eu occasion de déployer ce genre d'expression. Ses tailles ressemblent beaucoup aux traits de l'eau forte; mais je sais de bonne part qu'il a principalement fait usage du burin et de la pointe sèche. Ainsi que ses qualités, ses défauts sont nombreux, son horizon est souvent pris trop haut, ses vues fréquemment mal choisies, ses objets trop pressés et ses formes mal déterminées; il avait peu de connaissance du clair-obscur, quoiqu'on en trouve de tems en tems un effet qui fait regretter de le rencontrer si rarement. Il est de même facheux que dans d'aussi bonnes compositions, il ait placé d'aussi mauvaises figures: elles sont mal tournées, et leurs draperies pendent en lambeaux. Ses arbres sont d'un pauvre style, et ses nuages sont durs et embrouillés.

On ne peut pas, avec justice, omettre dans une liste des graveurs, nôtre célébre compatriote HOGARTH; et cependant il ne se range dans aucune des classes précédentes; je le placerai ici avec son apologie.

Les ouvrages de ce maître abondent en gaieté vraie et en satire généralement bien dirigée; ils sont d'excellentes leçons de morale, et présentent un fond d'amusement propre à tous les goûts; ce qui prouve qu'ils sont des copies fidelles de la nature. On peut les considérer aussi comme un répertoire des manières, coutumes et parures de l'âge présent.

De quel agrément ne serait pas une collection de cette nature, tirée de chaque période de l'histoire d'Angleterre? Pour faire un *examen critique* des ouvrages de HOGARTH, il faut en faire le sujet d'une recherche plus approfondie que nous ne l'avons fait jusqu'ici.

HOGARTH avait une invention fertile et un jugement sain; aussi n'était-il jamais embar-.rassé pour des sujets. Il a rarement placé un accident inconvenable, et rarement aussi il en omet un qui convient. Personne n'a, mieux que lui, exprimé une histoire et ne l'a rendue plus intelligible dans toutes ses circonstances. Son génie qui convient surtout aux compositions du genre *trivial* et *familier,* ne s'élève jamais au delà de la vie commune; et il ferait de vains efforts pour atteindre des objets naturellement sublimes, ou qui par leur antiquité, ou par d'autres accidens ont de la dignité.

On trouve peu de chose à admirer dans sa *composition.* Plusieurs de ses estampes en manquent tellement, qu'on a droit d'en conclure une absence absolue de principes; et que, lorsqu'on rencontre un beau groupe, c'est l'effet du hazard. On trouve dans la dernière gravure d'un de ses ouvrages de peu d'importance, *l'apprentif* paresseux, une foule mieux

ménagée qu'on n'en voit ordinairement, et si
dans cette gravure les officiers du Schériff, au
lieu d'être placés dans une ligne, avaient été
portés un peu plus bas dans le tableau, pour
former une pyramide avec le char, la composition en serait irréprochable; cependant la
première estampe de cet ouvrage montre des
exemples si frappans de composition désagréable, qu'il est étonnant qu'un artiste qui a
quelque idée de belles formes, ait pu souffrir
que d'aussi mauvaises sortissent de ses mains.

HOGARTH a montré aussi peu de connaissance du *clair-obscur* que de la *composition;*
on en voit cependant un bon effet dans quelques-uns de ses ouvrages, comme on le remarque dans l'estampe qu'on vient de citer;
si les figures des coins à droite et à gauche
avaient été *dégradées* un peu davantage, la lumière sur le devant se serait trouvée bien distribuée, ainsi qu'une seconde lumière répandue
sur un partie de la foule: mais l'effet manque
dans ses gravures, de manières si différentes,
qu'il est évident qu'il n'avait aucun principe.

Quoique HOGARTH eut une connaissance
parfaite des muscles et de l'anatomie de la
tête et des mains, il n'est cependant rien
moins qu'un maître en *dessin;* ses corps sont

mal formés, et les membres en sont mal atta-
chés : je l'accuse de dessiner tout-à-fait mal.
Je ne parle pas de l'exactitude d'anatomie et
de l'élégance des contours, dont il n'a aucune
connaissance, et dont il n'aurait même pas pu
faire usage dans le genre de dessin qu'il a cul-
tivé. Malgré tout cela, ses figures ont tant de
vie et de sentiment, que l'œil satisfait n'a aucune disposition à y trouver des défauts.

On pourrait supposer que l'auteur de l'a-
nalyse *de la beauté* aurait produit plus d'exemples de *grâce,* qu'on n'en trouve dans les
ouvrages de HOGARTH; ce qui prouve que la
théorie et la pratique ne sont pas toujours
unies. Plusieurs de ses sujets présentent naturellement des occasions de placer des attitudes gracieuses, et l'on y en trouve peu; tandis que ses ouvrages abondent en *grâce pittoresque.*

Mais on ne saurait trouver des termes trop
élevés pour parler de son *expression :* quelqu'en fut la nature, il l'a rendue d'une manière inimitable. Ayant fait une étude complette des passions, il connaissait l'effet qu'elles
produisent sur chaque partie du corps humain.
Il avait, en même tems, l'art de rendre ses
idées avec autant de précision qu'il les avait

conçues, et il réussissait également bien à représenter les caractères les plus bizarres. Toutes
ses têtes sont jettées au moule de la nature,
ce qui donne à ses ouvrages cette variété infinie qu'on y découvre: c'est delà aussi que
provient la différence entre *ses* têtes et les
carricatures affectées de *ces* maîtres qui, en
rassemblant des traits grotesques, fruits de leur
seule imagination, n'y ont cherché que leur
amusement: telles sont celles de Spaniolet
qui, quoique admirablement bien exécutées,
paraissent évidemment n'avoir pas leurs modèles dans la nature ; tandis que tous les
ouvrages de Hogarth dans ce genre sont
des copies fidelles de la nature. Les *professeurs
d'Oxfort,* la *taverne des physiciens* et quelques
autres de ses estampes, qui sont particulièrement de cette espèce de caractère, sont fidel-
lement comiques, et quoiqu'elles présentent
une mauvaise espèce de gaieté, elles sont par
leur naturel plus intéressantes que celles de
Spaniolet; mais en même tems moins inno-
centes en ce qu'elles contiennent un ridicule
mal dirigé. L'espèce d'expression dans laquelle ce maître excelle peut-être le plus, est
l'art henreux de saisir l'air et les gestes particuliers que contracte la partie ridicule de

chaque profession, et qui par cette raison en forme la partie caractéristique. Ses conseillers, ses entrepreneurs d'enterremens, ses usuriers; sont tous reconnaissables à ne pas s'y tromper. En un mot, chaque profession peut voir dans ses ouvrages l'espèce d'affectation qu'elle doit le plus s'efforcer d'éviter.

L'exécution de ce maître est surtout bien adaptée à ses sujets; il s'est servi de la pointe avec beaucoup d'intelligence, et n'a jamais donné un trait qui ne fut nécessaire. Pour moi j'estime davantage ses propres eaux fortes, que ces gravures d'un grand fini, pour lesquelles il a employé d'autres graveurs, d'autant plus que la production d'un effet n'est pas son talent, et que c'est en quoi principalement réside le mérite d'un grand fini. Sa propre manière, quoiqu'un peu grossière, est certainement préférable, puisqu'on y trouve davantage la force et l'esprit de ses expressions. La *manière* d'aucuns de ses ouvrages ne me plait autant que celle d'une petite gravure d'un coin de spectacle. Il y a plus d'esprit dans un ouvrage de cette nature, produit par une imagination chaude, que dans toute la froide correction d'un burin soigné. Si tous ses ouvrages avaient été exécutés dans ce style, avec quelques corrections dans la composition et le clair-obscur, la collection en serait assurément plus estimable qu'elle ne l'est. Les *progrès du libertin* et quelques-uns de ses autres ouvrages ont été commencés à l'eau forte et terminés au burin par lui-même. Ils sont bien exécutés; mais il est clair qu'il ne les destinait qu'à meubler des appartemens. Ces estampes seraient meilleures aux yeux d'un artiste, si elles n'eussent pas été retouchées au burin, excepté quelques *coups* dans très peu de places. Le manque d'effet qui frappe si fortement dans les plus finies de ces estampes y serait alors moins sensible.

———————

CHAPITRE IV.

Remarques sur des estampes particulières.

Après avoir examiné les caractères des différens maîtres; il me reste à faire sur certaines estampes particulières quelques remarques, qui serviront à éclaircir les observations précédentes. La première que je ferai passer à un examen critique, est

LA RESURRECTION DE LAZARE, PAR BLOEMART.

L'ordonnance de cette gravure a beaucoup de mérite, et le moment de l'action y est judicieusement choisi. C'est celui entre le premier commandement, *Lazare lève toi,* et le second, *qu'on le détache et qu'il marche.* L'étonnement des deux sœurs a cessé, et la reconnaissance, qui se répand en actions de grâces, est la passion dominante. Un des spectateurs dit à l'homme stupéfait, „voila

vôtre sœur." Lui-même rassemblant ses idées
porte sa reconnaissance vers le Christ, Jesus
la dirige au ciel. Jusque là l'ordonnance est
bonne; mais que font à droite et à gauche
ces figures inutiles, quelques-unes mêmes
n'ayant aucun rapport à l'action? Deux des
principales sont des fossoyeurs, qui même dans
cette qualité ne conviendraient pas pour la
place, puisque nous savons que *c'était un ca-*
veau recouvert par une pierre placée dessus.
Lorsqu'un peintre a un sujet aride, il faut bien
qu'il forme ses groupes comme il le peut;
mais ici il n'est pas question d'aridité. L'artiste
aurait pu sans blesser les convenances, mettre
au lieu des deux fossoyeurs quelques personnages
du parti pharisien, cherchant à rabaisser l'action; comme on dit qu'il y en avait effective-
ment de présens; ils seraient des personnages
importans dans l'histoire, et n'auraient pas
eu besoin d'être jettés, comme ils le sont, parmi les accessoires.

La *composition* est presque sans défauts.
Le groupe principal en est disposé avec intelligence, il se présente avantageusement et met
à découvert toutes ses parties. Il est également beau, considéré relativement aux figures
de la gauche.

La *lumière* est mal distribuée, quoique les figures soient disposées pour en recevoir le le plus bel effet. Le tout est trop clair, et vaudrait mieux si toutes les figures placées sur le fond élevé de la droite avaient été jettées dans une ombre forte. Le bras étendu, la tête et l'épaule du fossoyeur, auraient pu recevoir des lumières éclatantes. La figure principale aurait dû recevoir un peu plus de lumière, et la figure à genoux un peu moins; celles sur la gauche auraient dû être *dégradées davantage*. De cette façon la lumière la plus forte aurait été concentrée sur le groupe principal, et se serait perdue par degrés.

Les figures détachées de l'estampe sont en général bonnes, la principale d'entr'elles n'est pourtant pas aussi capitale qu'elle pourrait l'être, le caractère n'en n'est pas assez agréable; son bras droit est tourné gauchement s'il n'est pas mal dessiné; et le tout est désagréablement surchargé de draperies. LAZARE est parfait, le dessin, l'expression et la grâce de la figure, tout en est bon. La figure à genoux contraste bien avec le groupe, les fossoyeurs sont l'un et l'autre admirables ; il est dommage que ce ne soit que des hors d'œuvre.

Le *dessin* est bon en général; cependant

il paraît y avoir quelque chose de vicieux dans les muscles de la poitrine du fossoyeur à droite. Les mains de presque toutes les figures sont aussi contraintes et sans grâce: peu ont une action naturelle.

L'*exécution* est d'un burin vigoureux, distinct et expressif. Il paraît qu'on n'y a fait aucun usage de l'eau forte.

LA MORT DE POLICRATES, PAR SALVATOR ROSA.

L'*histoire* est bien observée dans cette gravure, chaque partie tend au sujet et lui est subordonnée.

La *disposition* en est agréable ; la distribution des groupes tombans l'un dans l'autre est gracieuse, et l'aurait été davantage si l'on eut placé sur le côté gauche de la croix, une échelle portant une figure, une pièce de draperie détachée, un étendart ou quelqu'autre objet pour remplir le vuide disgracieux qui se trouve là sous la forme d'un angle droit; ou bien pour rendre la pyramide plus complette. Les groupes en eux-mêmes sont simples et élégans; mais les trois figures à cheval sont mauvaises : une ligne de têtes est toujours désagréable.

Quant à la *dégradation,* il y en a peu d'idée; le tout est beaucoup trop plat, ce qu'on aurait pu éviter, avec plus de force sur les devans et plus de légéreté dans les nuages. La lumière est de même distribuée sans jugement; son effet ferait beaucoup meilleur, si le groupe du soldat appuyé sur son bouclier, avait été mis dans l'ombre avec quelques lumières éclatantes. L'ombre qui traverse l'écriteau aurait dû être étendue sur une plus grande partie de la terrasse au-dessus, et par là aurait formé une masse d'ombre pour balancer la lumière du groupe du milieu. Les figures basses du groupe à cheval, auraient dû recevoir une teinte moyenne avec quelques coups de force; les figures élevées de ce groupe auraient reçu la lumière pour les détacher du fond. Il se trouve aussi dans les nuages quelques lumières qu'on eut mieux fait d'omettre.

Les figures considérées séparément sont bonnes, presque sans exception; il est même rare d'en trouver dans un pareil nombre autant sans défauts. Le jeune soldat appuyé sur son bouclier, les autres figures de ce groupe, le soldat montrant du doigt (au milieu du tableau) et la figure étendant les bras derrière lui, sont toutes élégantes et gracieuses au plus haut degré : les figures des derniers plans sont également très belles. L'expression de tous les corps des spectateurs est fortement prononcée; ils sont plus ou moins affectés, mais tous dans un certain degré : cependant toutes les figures ne sont pas sans défauts. POLI-CRATES est placé de mauvaise grace sur sa croix, son corps est composé de lignes parallèles et d'angles droits, sa physionomie exprime trop fortement l'agonie, et ses jambes ne sont pas proportionnées à son corps. Les trois figures à cheval n'ont rien de remarquable, même celle de ces figures qui est la plus rapprochée de la croix, est roide et désagréable. Quant aux chevaux, il paraît que SALVATOR connaissait peu les proportions et l'anatomie de cet animal. En général ce coin de la gravure est mauvais, et je ne saurais dire combien la composition gagnerait s'il n'y était pas.

Le paysage est beau; le rocher brisé et couvert d'arbrisseaux au sommet, qui se prolonge dans une ombre grande et simple, est en lui-même un objet agréable; et fournit un excellent fond pour les figures.

L'exécution de cette estampe est aussi belle qu'aucune autre des ouvrages de SALVATOR.

LE TRIOMPHE DE SILENE, PAR PIETRE TESTE.

Autant qu'on peut comprendre l'idée sublime de cette élégante et savante composition, P. TESTE paraît avoir eu l'intention d'y faire la satyre de l'indulgence pour les goûts désordonnés.

L'*ordonnance* de cette gravure est parfaite. SILENE représentant l'yvresse est placé au milieu du tableau, tenant une couronne de lierre, et soutenu par sa suite dans toute la pompe d'une pesante majesté. Devant lui danse une bande d'impudiques bacchantes; quelques-unes comme décrit le poëte,

— — — — — Inter pocula laeti,
Mollibus in pratis, *unctos saliere per utres.*

L'intempérance, la débauche et les plaisirs hors de nature complettent la fête immorale. On aperçoit dans le lointain le temple de Priape; près de ce temple est une montagne dédiée à la dissolution, et sur cette montagne jouent des nymphes et des satyres. Dans le ciel, le *soleil* est obscurci par la *lune* et les étoiles: ces groupes sont représentés en différentes attitudes de surprise et de peur. La lune se cache le visage, et une des étoiles éteint un

I

flambeau. Tout fait sentir que des plaisirs de cette nature redoutent les approches de la clarté.

La .disposition a moins de mérite; cependant elle n'est pas désagréable. Le groupe de la gauche et ses *différentes parties* sont heureusement disposées; mais celui des danseurs de l'autre côté est trop confus et mal formé. La disposition aurait peut-être reçu un meilleur effet, si l'on eut élevé au-dessus de Silene un dais de forme élégante, ce qui n'aurait pas été un accessoire impropre, et en formant la pointe de la pyramide sur la figure principale, aurait donné au tout plus de beauté et de variété.

La *lumière* est exacte et belle, si l'on ne considère les *figures* que *l'une après l'autre;* mais une telle lumière donne tout au plus l'idée d'un tableau regardé à la bougie; chaque figure, lorsqu'on en approche la bougie, paraît bien éclairée, mais au lieu d'un *effet* de lumière on ne voit qu'une succession de taches, de façon que la lumière est non seulement mal, mais absurdement distribuée. La partie supérieure du tableau paraît être éclairée par un soleil et la partie inférieure par un autre, la direction de leurs rayons étant différente. Pour éviter cette mauvaise distribution de lumière, on aurait peut-être dû laisser tout-à-fait le soleil, et le représenter par ses symboles, comme *s'approchant* seulement; les figures des nuages auraient par conséquent pu recevoir des lumières éclatantes, et rester presque comme elles sont. La figure de la pluye sous la lune aurait dû, ainsi que l'ours, être dans l'ombre, et les têtes de lions éteintes. De cette façon les figures célestes n'auraient rien eu de trop brillant. SILÈNE et sa suite auraient pu être éclairés au moyen d'une grande torche portée par une des figures dansantes, la lumière en tomberait alors, presque comme elle le fait, sur le groupe principal. Les autres figures auraient dû être *tenues* dans une teinte moyenne. Cette espèce de lumière aurait naturellement produit une obscurité dans le fond, ce qui aurait été d'un bon effet.

Quant aux figures prises séparément; elles sont conçues avec une telle pureté et une telle simplicité de goût, elles sont dessinées avec tant d'élégance et chaque attitude en est si gracieuse que, si j'étais obligé de fixer une gravure comme un modèle de tous les genres de beauté dont les figures particulières sont susceptibles, je serais presque tenté de donner la préférence à celle-ci.

On trouve les plus beaux exemples de dessin dans la figure principale, dans les jambes de celles qui la soutiennent, dans celles des figures dansantes avec des flûtes, dans l'homme et la femme derrière le centaure, dans la figure qui est dans le nuage et qui a la main droite sur le genou, et particulièrement dans cette figure d'un raccourci hardi qui est à droite du soleil.

On a de beaux exemples d'*expression* dans l'affaissement de S i l e n e. Il paraît si accablé de son poids, si totalement privé d'élasticité, que chacun de ses membres, qui n'est pas supporté, tombe par sa propre pesanteur. De même la facilité avec laquelle cette figure enflée et semblable à une éponge, reçoit chaque impression est bien exprimée dans sa contenance; la figure qui la supporte montre fortement le travail de l'action; les figures dansantes sont toutes bien caractérisées, et les vigoureuses figures dans les nuages ont aussi une grande expression, surtout celles qui menacent et sont représentées dans l'action de tendre un arc.

Quant à la *grâce*, chaque figure, au moins chaque figure capitale, est agréable, je n'en excepte que celle qui frappe du pied sur la terre; mais on a les exemples les plus frappans de grâce, dans les figures dansantes avec des flûtes, dans l'homme et la femme derrière le centaure (qui, avec quelque probabilité, désignent BACCHUS et ARIANE) et dans le jeune homme couché sur la terre.

On trouve rarement une *exécution* plus parfaite. Chaque tête, chaque muscle, chaque extrémité, est touchée avec un esprit infini; les accessoires mêmes sont achevés, et les pins, dont il a orné le fond du tableau, sont touchés avec autant de goût et de précision, que si l'artiste n'eut fait d'autre étude que celle du paysage.

Portrait du Duc de Schomberg grave par Smith, *d'après* Kneller.

Kneller, lors même qu'il s'efforçait d'exceller, n'a souvent qu'un faux brillant. Son portrait du Roi Guillaume à cheval, que l'on voit à Hamptoncourt, est une pauvre production: la composition en est mauvaise, le coloris faux, et le tout manque d'effet: il y a à peine une bonne figure dans le tableau. La composition dont il est question est plus agréable, quoique l'effet en soit peu supérieur. Une figure équestre, quelque bien qu'elle soit rendue, a toujours mauvaise grâce: les membres du cheval y sont un grand empêchement a bien grouper. Cependant Van-Dick a groupé avec beaucoup de jugement le Roi Charles premier sur un cheval, et Rubens a fait aussi à Hamptoncourt un beau tableau du Duc d'Alva, quoique son cheval soit mal tourné. Dans la gravure dont nous faisons l'examen, la figure est assise avec grâce et dignité; mais le cheval n'est pas celui d'Alexandre, son caractère est seulement celui d'un bon cheval de charrette. Le buisson près du baton du Duc, est un objet déplacé, et concourt à briser en plus de parties une composition qui n'est déjà que trop brisée. L'exécution est excellente, et quoique les parties soient trop petites pour la manière noire, SMITH leur a cependant donné toute la force qui leur convient.

Le Rabbin, en maniere noire de Pierre, *d'après* Rembrandt.

Le caractère du *Rabbin* est celui d'un homme sombre et sevère, plein de l'idée de sa propre importance. Quoiqu'il soit probablement le fruit de l'imagination, le caractère n'en est pas moins certainement puisé dans la nature. Ce qu'il y a de plus extraordinaire pour un ouvrage de Rembrandt, est qu'on y trouve beaucoup de dignité. Le graveur a transmis dans son estampe toute l'expression du tableau. La pesante roideur de l'âge, si bien exprimée dans l'original, est tout aussi bien rendue dans la copie. Les trois lumières égales, et à distances égales sur la tête, les ornemens et les mains, sont désagréables. On ne pouvait pas les éviter dans la gravure, mais on aurait dû tenir les ornemens et les mains un peu plus faibles. Quant à l'exécution, chaque partie est gravée avec autant de douceur que de délicatesse. Les muscles sont ronds et saillans, et leurs attaches, très apparentes dans une vielle tête, sont bien exprimées. Une aussi grande variété de demi-teintes et de teintes adoucies, présentait au graveur de nombreuses difficultés, et cependant elles sont rendues avec beaucoup de douceur. La barbe est d'un beau désordre, les mains sont parfaitement celles d'un homme vieux qui a de l'embonpoint, les yeux sont sevères et pleins de vie, le nez et la bouche sont admirablement bien touchés. La séparation des lèvres dans quelques parties et leur adhésion dans d'autres sont des traits caractéristiques, qui ont été conservés avec habileté. Les lumières et les plis du turban sont très élégans. Si la robe sur l'épaule est inintelligible et mal ménagée, c'est le défaut du peintre. En un mot, quand on examine cette gravure, on doit reconnaître que le burin ne pourrait atteindre au même degré de moelleux et de délicatesse.

LA CHASSE DU LOUP DE HONDIUS.

La composition de cette petite gravure est bonne; cependant il y a trop de similitude dans la direction des corps des différens animaux; le groupe est aussi trop brisé et manque de solidité. L'horizon est trop élevé, ou la gravure, au moins, aurait dû être plus haute; le terrain qui s'élève sur la tête du loup aurait suffi, et cependant le rocher qui le surmonte est si bien touché, qu'il serait dommage de l'écarter. La *lumière* est distribuée sans aucun jugement; son effet aurait été meilleur, si tous les intervalles entre les têtes et les membres des animaux avaient été *tenus* plus *sombres,* et les ombres, sous le faon et le chien blessé, touchées avec plus de force. Les figures auraient par là reçu un relief hardi, et ce seul changement aurait produit un bon effet. Le *dessin* n'est pas sans reproches; les membres et le corps du chien blessé ne sont pas exactement dessinés, et le chien qui attaque ne se tient pas ferme sur sa jambe droite. Quant à l'expression, HONDIUS lui a donné toute sa force. Celles du loup et du chien blessé sont toutes deux admirables; mais l'expression du chien qui attaque est encore plus hardie et plus naturelle. Son attitude semble mettre tous ses muscles en contraction, et sa tête est un chef-d'œuvre d'animal furieux. Nous remarquerons que l'animal tué est si mal caractérisé, qu'il est difficile de reconnaître ce qu'il est. L'*exécution* est égale à l'expression, elle est nette et d'un fini précieux; l'on reconnait dans chaque touche l'esprit d'un maître.

LA CINQUIEME PLANCHE DES ANIMAUX DE DU JARDIN.

L'*ordonnance* de cette gravure, quoique modeste, est très-belle. Les deux chiens reposans à midi après le travail du matin, l'équipage de chasse, les buissons et les trouées qu'on y aperçoit, tout correspond pour rendre agréablement la petite histoire du jour. La composition en est bonne; cependant elle aurait pu être meilleure, si une autre chien, ou quelque chose d'équivalent avait rempli le vide du coin de gauche; le groupe des chiens en aurait reçu une meilleure forme. Les filets et autres instrumens de chasse sont ajoutés avec intelligence et composent avec les chiens une forme agréable. La haie ajoute aussi une autre forme pyramidale, qui aurait été plus agréable, si le coin gauche des roseaux avait été plus élevé. La *lumière* est bien distribuée, seulement il y en a trop. Le chien le plus éloigné, ainsi que le derrière du plus rapproché, auraient dû être *tenus un peu plus sombres*. Le *dessin* et l'*expression* sont la pure nature; et l'exécution est aussi belle qu'élégante.

LE TOBIE DE WATERLO.

Le paysage dont je parle, est un carré long à peu près de douze pouces sur dix. Sur le premier plan est un chéne qui traverse la gravure diagonalement. Le second est composé d'un terrain qui s'élève, lié avec un rocher couvert de buissons. Le chêne et les buissons laissent entr'eux une trouée par laquelle on aperçoit une grande étendue de pays. Les figures sont un ange, Tobie et un chien descendans une colline qui forme le second plan. Après cette description la gravure ne peut plus être méconnue. La *composition* en est très agréable : les arbres de la terrasse, s'étendans sur le haut de l'estampe et s'inclinans vers un point sur le bas, fournissent une belle forme de pyramide renversée qui, dans les arbres principalement, a un bon effet. Elle produit ici un contraste heureux avec le plan incliné sur lequel sont les figures, et qui est brisé avec intelligence. Les rochers se rapprochent d'une ligne verticale, les lointains d'une horizontale, et toutes ces lignes ensemble, font une combinaison de beaux contrastes, qui rendent le tout très agréable. Si l'on peut trouver un défaut, c'est dans la régularité des rochers, rien n'eut été plus facile que de leur donner de la variété, en brisant la monotonie des parallèles. La *dégradation* est bien observée dans le second et le troisième plan. La *lumière* est bien disposée: pour éviter que les arbres ne fussent lourds, elle y a été placée sur le sommet et sur le bas, et en même tems elle est bien *adoucie*. Une masse d'ombre est répandue sur le second plan et sur l'eau. La lumière se brise sur le bas du rocher en un point éclatant et masse le tout. Les arbres, les buissons et les parties supérieures du rocher sont heureusement tenues dans une demi-teinte. Peut-être que l'effet des lointains aurait été meilleur, si l'on y avait *ménagé* davantage la lumière, ne laissant qu'une lumière brillante sur la ville et la colline sur laquelle cette ville est placée. L'exécution est belle au delà de ce qu'on peut l'exprimer. Aucun artiste n'a une manière aussi heureuse de rendre les arbres que WATERLO, et l'arbre de cette gravure est un de ses ouvrages capitaux. Nous avons déjà parlé de sa forme, mais nous ajouterons que les branches et le tronc sont aussi beaux que la forme est belle, et que le feuillé est un chef-d'œuvre. On trouve rarement une pareille union de

coups de force et de clair. Les fortes masses
de lumière sont relevées par des masses d'ombres également fortes, et cependant la facilité
et la douceur n'y ont rien perdu. La terrasse
est extrêmement riche: enfin cette estampe
est dans l'ensemble comme dans les détails,
pleine d'art et de naturel.

LE DELUGE DE COEVERDEN, PAR RO-MAN LE HOOGHE.

Ce paysage historique est d'un style bien différent du précédent. WATERLO n'a jamais d'autre but que celui de faire une peinture agréable ; les figures qu'il y introduit, sans connexion avec le sujet, n'y sont placées que comme ornement ; mais LE HOOGHE avait des bornes plus resserrées ; il avait un *pays* à représenter et une *histoire* à rendre. Le *pays* est celui des environs de la ville hollandaise de Coeverden, avec une vue sur une immense digue construite contre la mer. *L'histoire* est celle de la destruction de cette digue, qui vient d'être brisée en trois endroits par la violence de l'orage. Le sujet quoique grand et difficile, a cependant été conçu et exécuté avec beaucoup d'art.

La ville de Coeverden remplit le lointain. La surface du pays couverte d'un déluge d'eau, le ciel encore gros de tempétes et les brèches de la digue, paraissent dans toute leur horreur. La *composition* des lointains et des parties moyennes est aussi agréable qu'un sujet aussi étendu le permet. Un horizon élevé qui est toujours désagréable, était nécessaire ici pour donner une vue distincte du tout. La *lumière* est répandue en bonnes masses sur les parties éloignées.

L'expression des figures, celle des chevaux surtout, est fortement prononcée; ceux dont le conducteur se retourne pour fuir le vide horrible qui est devant lui, portent tous le caractère de la terreur; en un mot, toute cette scène de détresse et l'horrible confusion de chacune de ses parties, sont admirablement représentées. *L'exécution* est bonne quoiqu'elle soit inférieure à plusieurs ouvrages de Le Hooghe. On peut ajouter que la forme de la gravure est mauvaise; un peu plus de longueur aurait agrandi l'idée, et la ville n'étant plus dans le milieu de l'estampe, aurait été mieux placée. Mais la faute la plus remarquable, est la disproportion et la petitesse de la terrasse à droite. L'esprit que l'auteur a mis dans toute sa description semble l'avoir abandonné là. Au lieu d'y terminer le tableau par quelque beau désordre qui, en repoussant les lointains, aurait frappé le spectateur des plus fortes images d'horreur, il a représenté quelques veaux et quelques cochons se débattans dans l'eau. Cette pensée paraît empruntée d'Ovide. Au milieu d'un monde en ruines, *Nat lupus inter oves.*

K

LES PROGRES DU LIBERTIN,
PAR HOGARTH.

La première gravure de cet ouvrage capital, est une excellente représentation d'un jeune homme prenant possession de l'héritage d'un avare usurier. La passion de l'avarice, qui ramasse tout sans distinction du bon ou du mauvais, y est parfaitement rendue. La *composition* sans être excellente, n'en est pas désagréable : le groupe principal composé du jeune homme, du tailleur, du priseur, des papiers et de la caisse est bien formé; mais l'œil est choqué par la désagréable régularité de trois têtes presque dans une ligne, et à des distances égales. La *lumière* n'est pas mal disposée; elle tombe sur les figures principales; cependant l'effet en serait meilleur si les extrémités de la masse (le tablier blanc d'un côté et le livre de comptes de l'autre) avaient été placées dans l'ombre, il y aurait eu plus de *repos*. Les parties détachées d'un groupe doivent rarement montrer de grandes masses de lumière. On ne trouve dans cette estampe aucun exemple frappant d'*expression*. La figure principale est insignifiante; la seule où l'on aperçoive le véritable *vis comica* de

Hogarth, est celle du priseur maniant l'or:
on devine d'abord son caractère. La jeune
femme aurait pu fournir à l'artiste une occasion de montrer une figure gracieuse; celle
qu'il a introduite n'a, je pense, aucun attrait.
La perspective est exacte, mais elle est affectée. Cette quantité de fenêtres et de portes
ouvertes peuvent montrer le savoir de l'auteur,
mais elles brisent le fond et nuisent à sa simplicité.

La seconde estampe montre nôtre héros
dans toute la dissipation d'une vie à la mode.
Nous avons fait sa connaissance, comme d'un
jeune homme de dix-huit ans; il est à présent
majeur et s'est défait des manières de l'école,
pour prendre les façons d'un homme à la
mode. Au lieu d'un tailleur de village qui
lui prenait mesure d'un habit pour le deuil
de son père; il est maintenant entouré par des
perruquiers français, tailleurs français, poëtes,
marchands de modes, jokeis, spadassins et
toute la suite d'un agréable. L'*expression* dans
cette gravure est étonnante. Le front intrépide
du spadassin, l'œil perçant et l'élasticité du
maître d'armes, et l'importance affectée du
maître de danse; sont parfaitement exprimés:
la dernière est même peut-être un peu outrée.

L'architecte est une bonne copie d'après nature. La composition paraît entièrement subordonnée à l'expression, et il est probable que
HOGARTH avait dessiné dans son *livre d'esquisses* tous ces caractères, et ne sachant comment les grouper, il a préféré les faire paraître
en parties détachées, comme il les avait es-
quissés, à abandonner une partie de leur expression en les combinant. La lumière est mal
distribuée, elle est éparpillée sur la gravure
dont elle détruit *l'ensemble*. On ne trouve
même dans aucune des figures, l'apparence de
grâce, et la figure principale est très défec-
tueuse, il n'y a pas le moindre contraste dans
les membres, défaut qui est toujours suivi d'un
manque de grâce. L'exécution est bonne; elle
est soignée, sans manquer de liberté. La satyre
contre l'opéra, quoique peut-être fondée, est
forcée et n'est pas naturelle.

La troisième planche nous conduit encore
plus avant dans l'histoire. Elle montre nôtre
héros engagé dans un des amusemens du soir.
Cette gravure n'est pas un effort extraordinaire
de génie. Le dessin en est bon et peut être
une représentation exacte des caractères d'un
mauvais lieu, la *composition* n'en est pas
mauvaise; **mais on** y trouve peu de ces

traits qui distinguent les ouvrages de HOGARTH.
La fille qui met le feu au monde est la meilleure pensée de celui-ci, et il y a quelque
gaieté à meubler l'appartement avec une collection de cesars placés en désordre. La *lumière* est mal ménagée, mais avec quelques
changemens indispensables, entr'autres en tournant dans l'ombre la fille qui fait sa toilette,
la disposition en serait supportable. Il reste-
rait pourtant encore une absurdité à expliquer :
d'où vient cette lumière qu'on trouve en abon-
dance sans aucune source visible?

Il y a très peu *d'expression* dans cette estampe. La figure principale est la meilleure.
Les filles ont bien toutes l'air de leur profession; mais leurs caractères manquent de variété. En général, les femmes de HOGARTH
sont inférieures à ses hommes, et c'est pour
cette raison que je préfère les *progrès du libertin* à ceux de la *fille de joie*. Les figures
de femme ont rarement les traits assez prononcés pour supporter ces fortes marques
d'expression.

Des accidens désagréables atteignent souvent
l'homme de plaisir. La quatrième gravure représente un événement de ce genre. Nôtre
héros dans une toilette consommée allant se

présenter à la cour un jour de St. David, est
accosté de la rude manière qui est représentée
ici. La composition est bonne. La forme du
groupe composé des figures en action, la
chaise à porteur et l'allumeur de reverbères,
sont d'un bon genre. Seulement nous au-
rons ici occasion d'observer qu'un groupe est
toujours désagréable, lorsque ses extrémités
sont dures. Un groupe doit, en quelque façon,
ressembler à un arbre, où la partie dure du
feuillé est toujours près du milieu: les branches des extrémités, qui sont relevées par le
ciel, sont légères et aériennes. Un manque d'attention à cette règle est cause de la dureté du
groupe dont il est question. Les deux baillifs,
la femme et le porteur de chaise, sont tous
confondus dans la partie du groupe qui aurait
dû être la plus éclairée; parce que le milieu,
où une main tient la porte, manque de force
et de consistance. On peut ajouter aussi, que
les quatre têtes disposées en carré, produisent une forme désagréable. La *lumière* eut
été bien distribuée, si le baillif ordonnant l'ar-
rêt et le porteur de chaise, avaient été un
peu plus éclairés et la femme un peu plus
sombre. L'éclat du tablier blanc est désagréable. On trouve dans cette estampe quelques

belles *expressions*. La surpŕse et la terreur du pauvre jeune homme paraissent dans chacun de ses membres, autant qu'elles se comportent avec la peur de déranger sa ŕoilette. L'insolence du pouvoir dans un des baillifs et la dureté insensible de l'autre, qui peut railler un malheureux, sont fortement exprimées. L'importance de l'honnéte étudiant de Cambridge n'est pas mal rendue; elle est placée là principalement pour la chronologie de l'histoire. En fait de *grâce* il n'y a rien de saillant, Hogarth aurait dû en mettre dans les figures de femmes; cela aurait au moins contribué à effacer la dureté désagréable de leurs draperies. La perspective est bonne et produit des formes agréables. Je ne peux pas quitter cette gravure, sans remarquer la *boëte à linge qui tombe*. La représentation de pareils mouvemens est absurde, et chaque moment rend cette absurdité plus forte. Les objets de cette nature sont au-dessus du pouvoir de l'imitation.

Les difficultés se multiplient autour de nôtre héros, que nous trouvons à l'âge de vingt-cinq ans, qu'il paraît avoir dans la cinquième planche, obligé d'épouser pour réparer sa fortune une femme qu'il déteste. La *composition* de cette gravure est bonne; cependant on remarque une désagréable régularité dans la gradation des trois figures de la servante, de la mariée et du marié. La lumière n'est pas mal distribuée. La figure principale est *gracieuse,* et il y a une forte expression dans la tranquilité apparente de ses traits. Il cache autant qu'il le peut, à l'objet qu'il a devant lui, la contrainte qu'il éprouve, et ce pouvoir lui échappe dans ce moment. La mariée a autant d'intelligence qu'on en peut apercevoir à travers la difformité de ses traits. On reconnaît la physionomie et la perruque de l'écclesiastique, sans pouvoir dire où on les a vues: le marguillier est aussi un bon personnage. La *perspective* est bien entendue; mais l'église est trop petite, et les poteaux de bois dont il paraît qu'il n'aurait pas dû faire usage, divisent le tableau désagréablement.

Le credo perdu, les commandemens déchirés et le tronc des pauvres couvert de toiles d'araignée, sont tous d'excellens traits de gaieté.

La fortune qu'a reçue nôtre héros le met dans le cas de se présenter à la table de jeu, et la sixième planche le montre maudissant ses folies, après avoir perdu son dernier coup. Cette gravure est peut-être, en général, la meil-

leure de la collection. Cette scène d'horreur
y est représentée d'un manière inimitable. La
composition est pleine d'art et de naturel. Si
la forme du tout n'est pas entièrement agréable, les figures sont groupées avec tant de
facilité et de variété, qu'elles ne sauraient
déplaire. On peut faire à l'artiste, plus de
reproches sur la distribution de sa lumière. Il
n'y a pas assez d'ombre entre les figures pour
balancer les clairs ; si l'on ôtait le mouchoir
de cou et les pleureuses du jeune homme en
deuil, et qu'on plaçât ses mains dans l'ombre,
cela seul embellirait l'effet. L'*expression* de
presque toutes les figures est admirable, et le tout
représente avec force l'ame au milieu de l'agi-
tation d'une tempête. L'auteur a rendu trois
degrés de cette espèce de rage qui attend les
joueurs. Au premier choc, tout est épouvante
intérieure, le joueur ruiné est représenté appuyé contre une muraille, les bras croisés et
abandonné à une agonie d'horreur. Peut-être
jamais passion n'a été rendue avec autant de
force. En peu de tems cette sombre horreur
éclate dans un orage furieux, il met en pièces
tout ce qui se trouve auprès de lui ; et se jet-
tant à genoux invoque sur lui-même toutes les
malédictions. Il s'en prend bientôt à tout le

monde, chacun à son tour lui paraît avoir été l'instrument de sa ruine.

La joie vive du joueur qui gagne, l'attention de l'usurier, le bruit de la garde et la profonde rêverie du voleur de grand chemin, sont admirablement rendus. Il y a un grand sang froid exprimé dans le peu que l'on voit du gros homme placé à un bout de la table. La figure vis-à-vis celle de l'enragé est mauvaise; elle a l'apparence de l'yvresse, et l'yvresse n'est pas le vice des joueurs. La figure principale est mal *dessinée,* il y a de l'affectation dans la *perspective,* et l'*exécution* n'est ni bonne ni mauvaise. En relevant l'expression, HOGARTH a perdu son esprit.

La septième planche, qui représente une prison, a peu de mérite. Plusieurs des circonstances qu'on suppose devoir augmenter les misères d'un débiteur arrêté, sont bien imaginées; mais le génie fertile de HOGARTH aurait dû, je pense, traiter ce sujet d'une manière plus riche. L'épisode de la femme pâmée aurait pu donner lieu à plusieurs événemens plus propres à la circonstance. C'est la même femme que le libertin congédie dans la première planche, par laquelle il est sauvé dans la quatrième, qui est présente à son mariage, qui le suit en prison et en dernier lieu aux petites maisons. L'idée n'est pas naturelle et la morale en est certainement coupable. La *composition* est mauvaise, le groupe de la femme pâmée est une masse ronde et dure; l'autre groupe est mal formé. La *lumière* ne pouvait pas être plus mal ménagée, et la manière dont les groupes sont composés peut être difficilement rectifiée. Il y a beaucoup d'*expression* dans la figure principale et la scène d'évanouissement est bien rendue. Le plan pour payer les dettes de l'état, fait par un homme qui ne peut pas payer les siennes, et l'effort d'un libertin stupide pour remettre ses affaires par un ouvrage de génie, sont des traits admirables de gaieté.

La huitième planche porte la fortune de nôtre héros à sa conclusion. C'est une représentation très expressive de la plus horrible scène que puisse présenter la nature humaine. La composition n'en est pas mauvaise. Le groupe du fou enchaîné, est bien ménagé; si le milieu du tableau avait été un peu relevé et les deux femmes (qui sont placées là mal à propos) retranchées, la composition et la distribution de lumière y auraient également gagné. Le dessin de la figure principale montre plus d'exactitude anatomique qu'on n'en trouve communément dans les ouvrages de ce maître. L'*expression* en est insignifiante et beaucoup inférieure aux caractères prononcés de tous les autres fous. Le génie fécond de l'artiste a introduit autant de causes de folie qu'il en a pu rassembler; il y a cependant de la répétition, tels sont deux fanatiques et deux astronomes, quoiqu'il y ait de la variété dans chacun et une forte *expression* dans tous les caractères. La satisfaction et la conviction qu'à de son mérite celui qui a découvert les longitudes; la plaisante majesté du monarque, la fantasque mélancolie de l'amoureux et la sombre horreur du superstitieux, sont toutes également admirables. La *perspective* est simple et convenable.

Je dois ajouter que ces remarques sont faites sur la première édition de cet ouvrage. Lorsque les planches ont été changées dans différentes parties; par cette altération elles ont gagné pour le *dessin;* mais elles ont perdu pour l'*expression.*

CHAPITRE V.

PRECAUTIONS A PRENDRE EN FAISANT UNE COLLECTION DE GRAVURES.

Celui qui forme une collection de gravures doit, en premier lieu, se tenir en garde contre le désir d'avoir *tous* les ouvrages de quelque maître. Il n'y a pas d'homme toujours égal à lui-même dans ses compositions, et par conséquent point de maître, dont la *totalité* des ouvrages mérite d'être recherchée. J'ai connu quelqu'un, qui rassemblait les ouvrages de REMBRANDT, disposé à donner quelque prix que ce fut de deux ou trois gravures qui lui manquaient pour completter sa collection; quoique leur suppression eut été avantageuse à la réputation de leur auteur. Il n'y a même pas de doute, que le tiers des ouvrages de ce maître ne supporterait pas une critique un peu sévère. Le grand prince *Eugene* faisait, dit-on, une collection de cette nature, et se piquait d'avoir en sa possession

tous les ouvrages de tous les maîtres, Sa
collection était immense et coutait quatre-vingt
mille livres sterlings; si l'on voulait bien l'é-
purer, elle ne vaudrait pas à présent autant
de cents livres.

Celui qui fait une collection doit se tenir
également en garde contre une superstitieuse
vénération pour les noms. Un vrai juge fait
disparaître le *maître* de la question, et n'examine que l'*ouvrage.* Rien n'entraîne autant
qu'un nom, pour peu qu'il soit joint avec du
génie ; il agit alors avec une force étonnante,
il couvre des défauts saillans et crée des beautés imaginaires. C'est certainement une chose
digne d'attention, que de rechercher dans les
différentes manières des maîtres, combien de
chemins mènent à produire un bon effet, et
lequel d'entr'eux est le meilleur; mais la ma-
nie d'abandonner toute autre espéce d'examen
pour la curiosité de découvrir un maître, est
une mauvaise manière, et n'est en même tems
pas généreuse. C'est juger l'ouvrage par le
maître, au lieu de juger le maître par l'ouvrage. Delà vient que de misérables gravures,
comme la *femme dans le chaudron* et le
mont parnasse obtiennent de la réputation
parmi les amateurs. Si vous demandez en

quoi consiste leur beauté? Vous apprendrez qu'-
elles ont été gravées par MARC ANTOINE: si
cela ne vous satisfait pas, on vous assurera qu'-
elles l'ont été d'après RAPHAEL. Cette absurdité
de goût avait excité une honnête indignation dans
l'ingénieux PICART qui, par ses excellentes imitations, a prouvé à tout le monde combien il
est ridicule de payer une aveugle vénération
aux *noms*. Il nous apprend qu'ayant comparé
quelques gravures des anciens maîtres avec les
tableaux originaux, il a trouvé qu'elles en
étaient de mauvaises copies. Il parle de la
dureté qui y règne en général, par exemple,
de cheveux d'enfans qui ressemblent à des cre-
mailléres, et de l'ignorance de ces graveurs,
en anatomie, en dessin et en distribution de
lumière.

Ce qui approche le plus de cette folie est
de prendre pour guide le goût public. La
mode domine partout: lorsqu'elle se borne à
la toilette, ou aux cérémonies peu importantes
d'une visite, cela est indifférent; mais la chose
devient plus sérieuse, lorsqu'elle s'érige en dic-
tateur des arts: cependant il n'en est pas autrement; rarement nous nous permettons de juger
du beau par les règles de l'art, mais suivant
l'ordre du jour de la mode. C'est ainsi que

l'on applaudit, que l'on censure sur la foi des autres, et que tantôt les ouvrages d'un maître, tantôt ceux d'un autre, ont le cours privilégié. REMBRANDT est depuis longtems le maître à la mode, on fait peu de distinction entre ses ouvrages : si ces gravures sont de REMBRANDT, elles doivent être bonnes. Dans deux ou trois ans, peut-être plus, le public aura quelqu'autre favori, et l'époque de REMBRANDT étant passée vous pourrez acheter ses ouvrages pour un prix raisonnable. Je pourrais en appeller, pour la vérité de ces observations, aux marchands de vielles gravures, tous connaissent la valeur incertaine des marchandises dont ils trafiquent. C'est pourquoi de belles productions, comme les ouvrages de P. TESTE, sont si peu estimées que tout l'œuvre de ce maître, qui consiste en près de vingt gravures capitales et en quelques autres petites ; peut être acheté pour un prix moindre quelquefois que celui d'une seule gravure] de REMBRANDT. Le vrai connaisseur met entièrement de côté la voix de la mode. Il a un meilleur guide pour découvrir le beau, et ce guide est le mérite de chaque maître, qu'il trouvera fréquemment en opposition avec l'opinion commune.

Une quatrième précaution à prendre en

rassemblant des gravures, est de ne pas établir leur valeur d'après leur *rareté*. La rareté peut donner plus de prix à une estampe qui en a déjà; mais en la rendant l'arbitre de la valeur d'une gravure, c'est prendre un accident pour un mérite. Cette folie naît surtout de la vanité et du désir de posséder ce que personne ne possède. Le mérite *réel* est remplacé par un mérite *imaginaire,* et l'objet est considéré comme devant être *conservé* et non pas *regardé.* Cependant quelque absurde que soit ce goût, rien n'est plus commun, et l'on peut trouver un génie médiocre qui payera dix guinées les coquillages de HOLLAR, dont la valeur fixée d'après leur mérite (ils en ont certainement beaucoup) ne monterait pas à deux fois autant de schellings. On pourrait rapporter des exemples multipliés de cette folie. LE CLERC, dans sa gravure du *triomphe d'Alexandre,* avait représenté ce prince en profil. L'estampe fut montrée au Duc d'Orleans qui la trouva agréable, mais qui fit avec justesse une objection contre le profil. L'artiste soumis le grata et lui substitua une tête en face. Quelques épreuves qui furent tirées de la planche dans son premier état, sont payées par les curieux dix fois plus que celles qui furent tirées après le

L

changement du visage. CALLOT s'amusa une fois à percer une de ses petites planches pour l'attacher avec un ruban à sa boutonière. Les épreuves avec le trou sont très rares et singulièrement prisées. Dans une gravure de la sainte famille, VAN-DICK avait représenté St. Jean posant sa main sur l'épaule de la vierge. Avant de publier son ouvrage, l'artiste l'exposa à la critique de ses amis; quelques-uns ayant trouvé l'action de St. Jean trop familière, le peintre en fut convaincu et ôtat cette main; mais il se trompa en croyant que cette altération donnerait de la valeur à sa gravure; car le peu d'épreuves sorties avec la main sur l'épaule, seraient payées dans les ventes de Londres trois fois autant que toutes les autres. Plusieurs des gravures de REMBRANDT ont acquis un prix infini par de petites altérations accidentelles de cette nature. Quelques épreuves tirées d'une planche avant qu'il y eut mis un chien, d'une autre avant qu'un cheval blanc eut été changé en cheval noir, d'une troisième avant qu'une enseigne eut été placée à la porte d'un cabaret à bière, et toutes les épreuves rares de ces planches qui ont été altérées pour être améliorées, sont les seules qui aient du prix. Les autres sont communes et à bon

marché. Je terminerai ces exemples par cette
anecdote d'un fameux amateur de tableaux
mort depuis peu. Il venait de montrer sa
collection, et après s'être étendu sur plusieurs
beaux ouvrages du GUIDE, de MARATTE et
autres maîtres; il se retourna soudain vers la
personne qui l'écoutait „maintenant Monsieur,‟
dit-il, „vous allez voir une véritable curiosité:
c'est un Wouverman sans un seul cheval.‟
Cette circonstance n'est à la vérité pas commune; mais c'était elle malheureusement qui
rendait le tableau de peu de valeur.

Après ces précautions, la plus essentielle est
de prendre garde d'acheter des copies pour
des originaux. La plus grande partie des ouvrages des principaux maîtres a été copiée,
et quelques-uns mêmes si bien qu'il est difficile, sans beaucoup de connaissance en gravures, de ne pas y être trompé. Si les copies
étaient réellement aussi bonnes que les originaux, le nom n'y ferait assurément rien; mais
comme traductions elles perdent nécessairement l'esprit de l'original, et la timidité indispensable du faire, y occasionne une roideur
inévitable. Quand on voit les copies seules,
elles paraissent bonnes; mais la différence
s'aperçoit facilement, lorsqu'on les compare

avec les originaux. Quoique les *mendians* de
CALLOT aient été si bien copiés, que la différence de la copie à l'original ne frappe pas
d'abord; cependant lorsqu'on les compare, elle
est remarquable. Il y a dans la copie un défaut de liberté, les caractères y sont moins
fortement prononcés et les extrémités touchées
avec moins d'exactitude. Il est difficile de
donner des règles pour distinguer une copie
d'un original. Le plus souvent le nom ou la
marque du graveur (ce que l'on doit bien con-
naître) dirigera suffissamment, le copiste ayant
rarement la hardiesse de l'imiter; mais dans
les gravures anonymes il y a plus de difficultés. Tout ce qu'on peut recommander est de
faire attention à la *liberté* de la manière, dans
les *extrémités* surtout, où les copistes péchent
le plus facilement. Lorsque vous serez bien
au fait de la *manière* d'un maître, vous ne serez pas aussi aisément trompé; si vous ne la
connaissez pas bien, le plus sage sera dans
ce cas de vous laisser diriger par ceux qui la
connaissent.

La dernière précaution que je recomman-
derai, est d'éviter les mauvaises épreuves. Il y a
trois causes qui rendent une épreuve mauvaise:
la première si elle est *mal imprimée,* quelques

estampes paraissent n'avoir reçu la pression
des cylindres que par intervalles; l'impression
est double et donne une apparence éblouis-
sante qui trompe et fatigue l'œil: la seconde
cause est *l'usure de la planche.* Il y a une
grande différence entre la première et la dernière épreuve de la même planche, l'effet disparaît dans une épreuve faible, et l'on n'y
trouve plus qu'un dessin fade, sans esprit et
sans force. C'est surtout en manière noire
qu'une impression forte est désirable; car l'esprit d'une gravure de ce genre s'évapore
promptement, et sans lui c'est la plus insipide
de toutes les gravures. Au burin et à l'eau
forte il reste toujours çà et là de fortes touches qui conservent une apparence d'esprit;
mais en manière noire, lorsque la surface du
cuivre commence à s'user, elle s'épuise également *partout.* La plûpart des ouvrages des
grands maîtres qui, dans les ventes publiques
et dans les boutiques, sont portés à des prix
élevés, sont dans ce mauvais état. Les gravures de SALVATOR, REMBRANDT et WATERLO,
que l'on trouve à présent, sont rarement meilleures que des contrépreuves, excepté dans
quelques collections soignées. On y voit la
forme de la gravure, mais les touches savantes

et élégantes ont disparu, les lointains et les devans sont brouillés par la confusion de tous les plans, et l'on a plutôt l'ombre de la gravure que la gravure elle-même. La dernière cause qui contribue à rendre une épreuve mauvaise, se remarque dans *une planche usée et retouchée.* Cependant l'esprit du maître peut encore s'y trouver, si c'est lui-même qui a retouché la planche; mais le plus ordinairement, elle est retouchée par quelque ignorant artiste, entre les mains duquel elle est tombée, alors elle devient mauvaise au dernier degré. Dans une planche *usée* ce que l'on a est au moins bon, ce sont les restes d'une chose excellente, et si l'on est versé dans les ouvrages de ce maître, l'imagination peut s'exercer agréablement à deviner ce qui est perdu, par ce qui reste. Mais lorsque la planche a passé par les mains d'un ignorant, qui l'a couverte de fortes hachures, alors l'idée du maître disparaît, et il ne reste plus que des lignes fortes et sans sentiment sur un fond fade, ce qui est le contraste le plus désagréable. De telles gravures et plusieurs de celles qui sont offertes sous les noms de REMBRANDT et de WATERLO, sont de peu de valeur. Ces maîtres n'auraient certainement pas reconnu de pareils ouvrages. Cependant comme on est souvent obligé de se contenter d'épreuves imparfaites; il faut dans ce cas, autant qu'il est possible, préférer une épreuve *pâle* à une épreuve retouchée.

F I N.

ERRATA.

Pag. Lig.

12   3 pour *pomu*, lisez *ponere*.

27 22 — *Wandervelt*, lisez *Vandervelt*.

54 12 — *Elshamar*, lisez *Elsheimer*.

61 22 — *il ne ressemble pas*, lisez *il ne se ressemble pas*.

61   2 de la note pour Trste, lisez Teste.

62 26 — en ce cela, lisez en cela.

63 10 — *ouyrages*, lisez *ouvrages*.

71 11 — *cathocæ*, lisez *catholicæ*.

79 11 — *Wouwermens*, lisez *Wouwermans*.

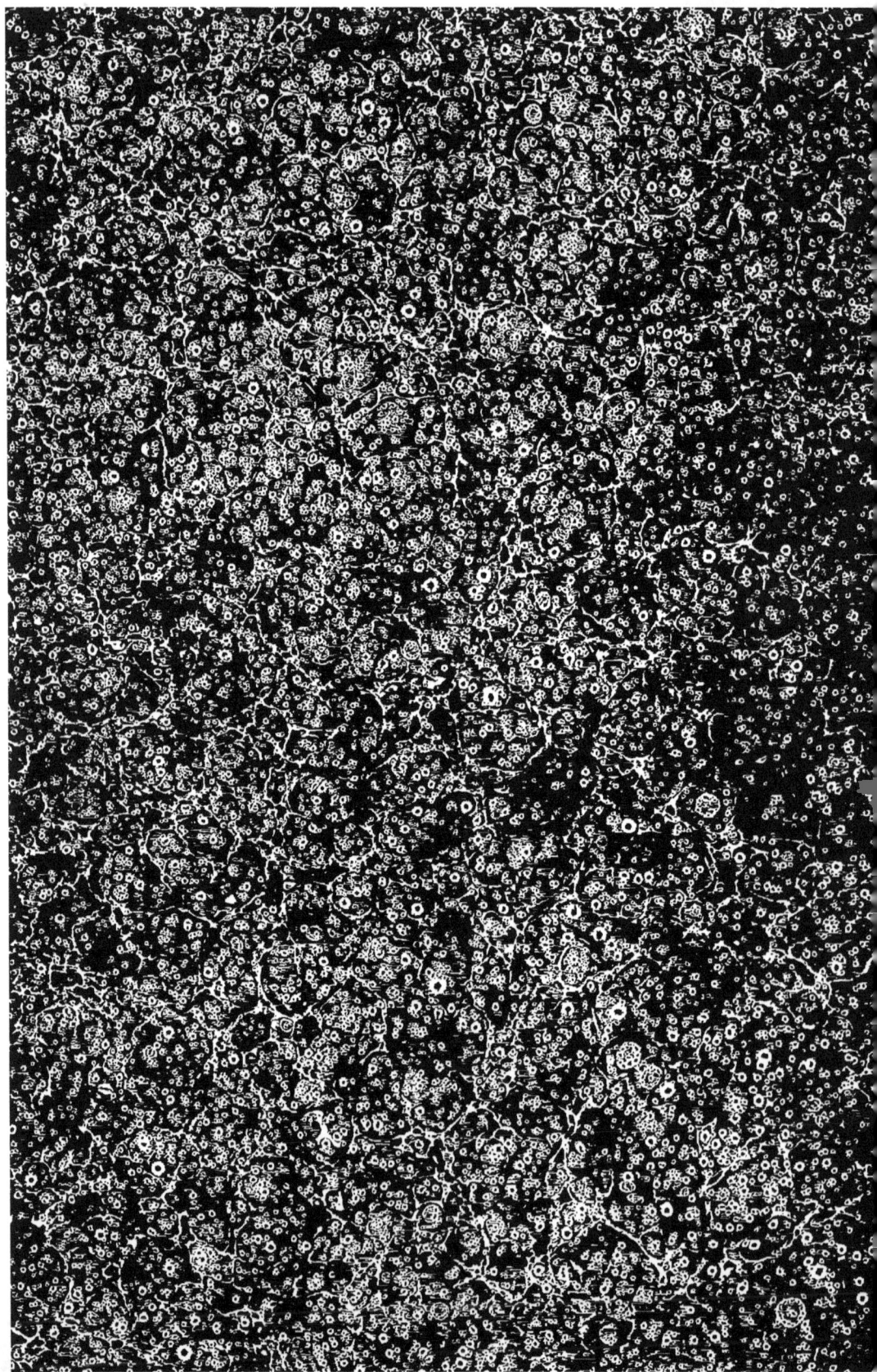

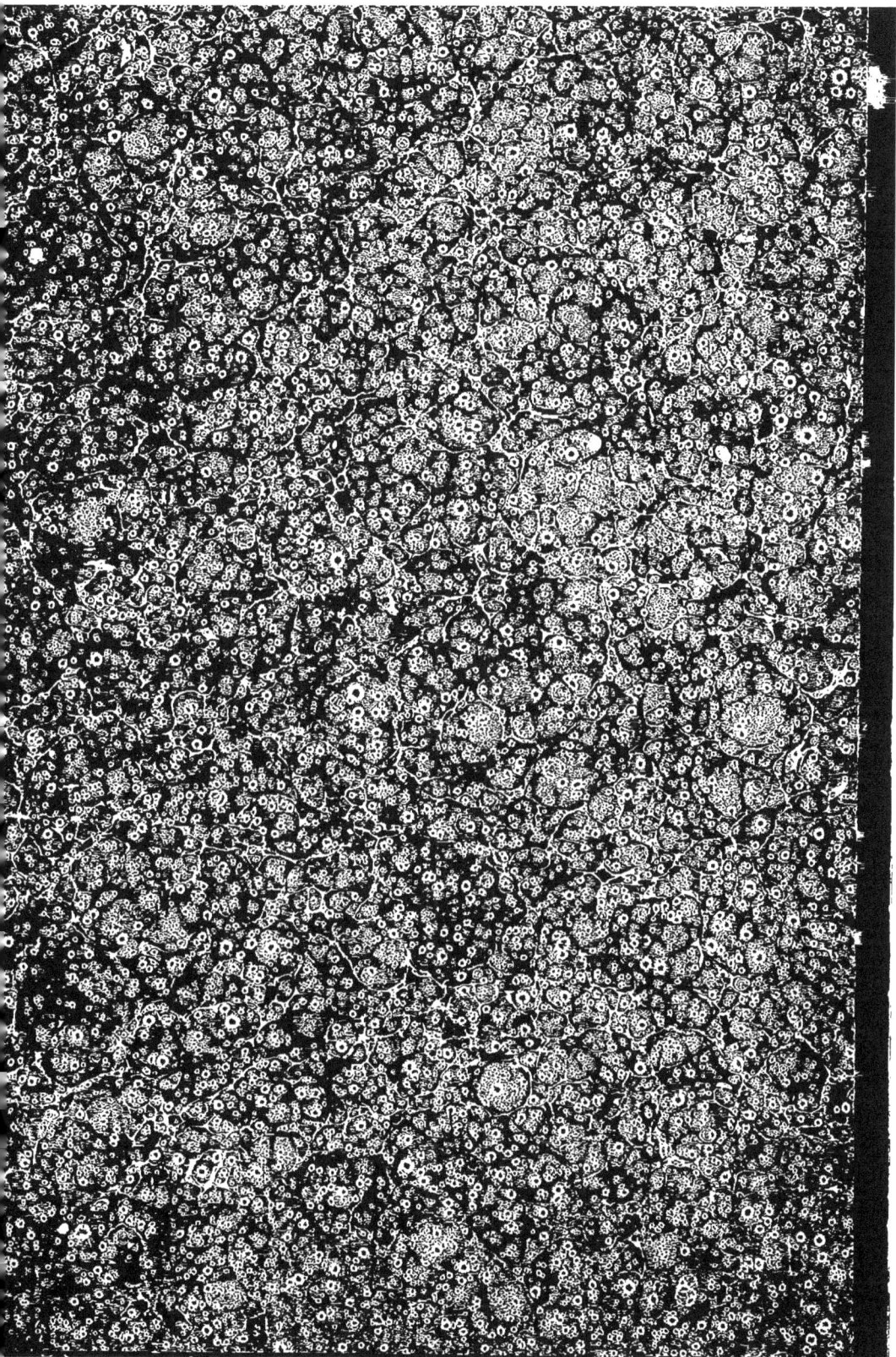

www.ingramcontent.com/pod-product-compliance
Lightning Source LLC
Chambersburg PA
CBHW070304290326
41930CB00040B/2033